novum pro

Anke Vuge

ICH HABE EINE *Psychose!*
UND NUN?

novum pro

Bibliografische Information
der Deutschen Nationalbibliothek:

Die Deutsche Nationalbibliothek
verzeichnet diese Publikation in
der Deutschen Nationalbibliografie.
Detaillierte bibliografische Daten
sind im Internet über
http://www.d-nb.de abrufbar.

Alle Rechte der Verbreitung,
auch durch Film, Funk und Fernsehen,
fotomechanische Wiedergabe,
Tonträger, elektronische Datenträger
und auszugsweisen Nachdruck,
sind vorbehalten.

Gedruckt in der Europäischen Union
auf umweltfreundlichem, chlor- und
säurefrei gebleichtem Papier.

© 2025 novum publishing gmbh
Rathausgasse 73, A-7311 Neckenmarkt
office@novumverlag.com

ISBN 978-3-7116-0400-2
Lektorat: Ilana Baden
Umschlagabbildung: Anke Vuge
Umschlaggestaltung, Layout & Satz:
novum Verlag

www.novumverlag.com

Inhaltsverzeichnis

Widmung 7
Vorwort 9
Selbstoffenbarung 11
   Vorstellungsvermögen und Visualisierung 16
   Durchsetzungskraft 17
Organisation ist alles 19
   Morgenrituale und Routinen 20
   Journal oder Tagebuch 21
   To-DO-Listen 22
Selbstfürsorge 25
   Körperwahrnehmung 25
   Hunger, Durst und Müdigkeit 26
   ME-Time 27
   Bewegung 28
Selbstliebe 29
   Nein sagen 29
   Belohnungen 30
   Sich Selbst Loben 31
   Affirmationen 32
   Soziale Kontakte und toxische Beziehungen 34
Entspannungstechniken 36
   Achtsamkeit – Das Jetzt Genießen 36
   Autogenes Training 37
   Yoga und Atemübungen 39
   Meditation 40
Selbstbestimmung und Zielsetzung 42
   Die Regeln: Warum alles ist, wie es gerade ist 43
   Beurteilungen – Eine Frage der Schwingung 47
   Emotionen 48
   Wahr oder Falsch 49
Die Große Leere 54
   Das Positive 55

Die innere Stimme 56
   Wie finde ich sie? 56
Stressbewältigung 58
   Stressarten und entstressen 58
   Innere Unruhe 59
   Im Zwiespalt 60
   Stress kurzfristig loswerden 61
   Lächeln 62
   Natürliche Stimmungsaufheller 62
Transformation 64
   Loslassen von Altem 64
   Erinnerungen verändern 65
   Schuld vergeben 66
   Körperliche Redewendungen 66
   Glaubenssätze ändern 68
   Befehle 69
Der energetische Werkzeugkasten 72
   Erdung 72
   Segnen 73
   Negatives loswerden mit „Weißem Strahl" 73
   Folded Hands 74
   Grace – Die Gnade Gottes 74
   Die violette Flamme 74
Die Dreifaltigkeit und das Ich 76
   Der Körper 76
   Der Geist 77
   Die Seele 78
   Das Ich 78
Nachwort 79
   Ende 79

Widmung

Ich widme dieses Buch all jenen, die sich in der Arbeitswelt verloren haben. Jenen, die über ihre Kapazitäten leben. Vielleicht finden Sie sich in diesem Buch wieder. Vielleicht ist es eine Warnung für jene, die nur noch funktionieren. Für jene, die nicht so viel Glück hatten wie ich. Es ist für die, die sich selbst wiederfinden möchten, für sich, ihre Familie, ihr Leben. Mir hat es eine Ruhe beschert, die ich mir nie gegönnt habe. Also holen Sie sich, was Sie brauchen. Holen Sie es sich jetzt.

Vorwort

Bevor Sie dieses Buch lesen, muss ich noch etwas loswerden. Es ist sowohl eine Warnung als auch eine Offenbarung über mich selbst. Alles, was in diesem Buch steht, entspricht dem, was ich glaube, getan habe, gedacht habe und dessen tiefe Überzeugung ich teile. Nichts davon müssen Sie glauben, nichts davon ist wissenschaftlich erwiesen, nichts davon müssen Sie tun oder anwenden. Es ist und bleibt ihre Entscheidung, was Sie tun beziehungsweise wie Sie darüber urteilen. Das Einzige, worum ich Sie bitte, ist, darüber nachzudenken und sich Ihre eigene Meinung zu bilden. Nicht mehr und nicht weniger. Und vor allem: Seien Sie ehrlich zu sich selbst. Ich weiß, das klingt einfach, ist es aber manchmal nicht.

Das Lesen dieses Buches kann Sie emotional, mental und körperlich fordern. Wenn Sie beim Lesen etwas Altes loslassen, alten Ballast abwerfen oder eine schlimme Erinnerung in Ihnen hochkommt, dann machen Sie erst mal nicht weiter. Manches braucht seine Zeit, also gönnen Sie sich Pausen. Sie müssen wissen, dass auch Gedanken Konsequenzen haben. Es können Gedanken und Erinnerungen hochkommen, die Sie verarbeiten müssen. Emotionen und Anspannungen, die aus Ihrem Körper fließen. Wichtig ist: Wenn Sie merken, dass etwas nicht stimmt, sei es körperlich oder psychisch, scheuen Sie bitte nicht den Besuch beim Arzt, Heilpraktiker oder Psychotherapeut ihres Vertrauens. Das müssen Sie sich wert sein.

Selbstoffenbarung

Ich habe lange überlegt, ob ich dieses Buch schreiben soll oder nicht. Der Grund, wieso ich es letzten Endes doch getan habe, ist ein Vers von Leo Tolstoi:

„Alle wollen die Welt verändern, aber keiner sich selbst."

Die Menschen um sich herum kann man nicht ändern. Das Einzige, was sich wirklich ändern lässt, sind wir selbst. Trotz allem habe ich früher auch das versucht. Jeder, der mit jemandem zusammenlebt, versucht ab und an, etwas an seinem Partner zu verbessern. Das funktioniert nur leider in den seltensten Fällen. Und seien wir ehrlich: Sollte es wirklich möglich sein, hätte man am Ende auch nicht die Person, in die man sich zuvor verliebt hat.

In der Kindheit hatten viele von uns die Vorstellung, Arzt zu werden, Feuerwehrmann oder Superheld, der die Welt einfach etwas besser macht. Jeder hatte mal den ein oder anderen Impuls, irgendetwas zu tun, was die Welt zu einem schöneren, glücklicheren Ort macht. Im Eifer des Erwachsenwerdens ändert sich das und gerät in Vergessenheit. Meist ist es das Umfeld, Familie und Freunde, die einen davon überzeugen, dass man definitiv einen Job braucht, der Geld in die Kasse spült.

Mir reichte das aber nicht mehr. Ich hatte fast 25 Jahre lang denselben stressigen Job. Wirklich erfüllt hat mich das aber nicht. Es hat Geld gebracht, ein Haus, ein Auto, die Altersvorsorge aber trotz allem war ich nicht zufrieden mit mir. Ich fühle immer noch diesen Impuls in mir, etwas zu verändern, etwas zu verbessern. Auch wenn ich das mit einer Selbstoffenbarung tue. Ich habe keine Lust mehr, eine Maske zu tragen, wie es die meisten unbewusst tun. Ich will die sein, die ich nun mal bin.

Wovon ich hier rede, ist Selbstbestimmung. Ich bestimme über mich selbst und ich habe mich entschlossen, die Frau zu werden, die ich immer hätte sein sollen. Ich bin jetzt schon länger auf dem Weg und habe für mich ein paar Abkürzungen entdeckt. Das Einzige, was ich von Ihnen brauche, um Sie auch auf den Weg der Selbstbestimmung zu bringen, ist Vorstellungsvermögen und Durchsetzungskraft. Ich habe vieles ausprobiert und manches davon wird vermutlich jenseits ihrer Vorstellung liegen. Seien sie bitte offen für andere Möglichkeiten und bleiben Sie ehrlich zu sich selbst. Mehr verlange ich nicht von Ihnen. Kommen wir nun zu den Beweggründen, warum ich mein Leben komplett umkrempele.

Wie bei den meisten gibt es immer einen besonderen Grund, wieso man gezwungen wird umzudenken. Auch bei mir gibt es ein einschneidendes Erlebnis, das mich zur Veränderung getrieben hat. Eigentlich waren es sogar mehrere. Von Autounfällen, Fehlgeburt, stressigem Job, es waren einfach viele Gründe. Aber einer davon hat das Fass bei mir zum Überlaufen gebracht.

Burn-out, Depression, Psychosen und Schizophrenie sind Begriffe, mit denen ich nie etwas zu tun hatte. Ich habe mich oft gefragt, wie so etwas entsteht? Habe ich eine genetische Veranlagung dafür? Gab es schon mal einen Fall in unserer Familie? Nichts davon konnte ich beantworten. Bis jetzt.

Meine Diagnose ist Depression mit schizophrenen Symptomen. Trotz all der Fragen kann ich immer noch nicht sagen, wo dieser Wahnsinn bei mir genau begann. Und es dauerte sehr lange, bis ich überhaupt einsah, dass ich krank war. Mittlerweile habe ich diese Diagnose akzeptiert und ich muss gestehen, wenn es bei mir aus dem Nichts entstehen kann, dann kann es auch jedem anderen passieren. Das ist der Grund, wieso ich mich verändern muss. Weil ich mich selbst krank gemacht habe. Wenn ich tippen sollte, bin ich von einem Erschöpfungszustand über Burn-out, dann weiter zur Depression gegangen und landete bei Wahn und Weltuntergangsszenarien. Dabei hörte ich Stimmen; meine eigenen als auch mir völlig fremde. Zumindest glaubte ich das bis dahin. Ich fand mich in einer Art Verschwörungstheorie wieder, die mir zum damaligen Zeitpunkt völlig logisch und real erschien. Ich könnte jetzt weit ausholen und beschreiben, was ich alles hörte oder fühlte. Aber ich denke, das würde den Rahmen sprengen, und Sie ängstigen, will ich erst recht nicht. Sollten Sie es doch wissen wollen, lesen sie den nächsten Absatz. Ich habe aber auch Verständnis dafür, wenn Sie ihn lieber nicht lesen wollen. Es ist Ihnen überlassen.

Ich schreckte mitten in der Nacht auf. Hatte da jemand gesprochen? Ich horchte in den Raum hinein, konnte aber nur das kontinuierliche Schnarchen meines Mannes ausmachen. Er schlief fest. „Kannst du mich hören?", klang es in meinem Kopf. Ich nickte abwesend. „Kannst du mich jetzt noch hören?" Die Stimme wurde jetzt leiser. Wieder nickte ich. Es war meiner Meinung nach eine göttliche Stimme und ich schien in einer Art Test zu sein. „Hörst du mich jetzt auch noch?", schallte es in meinem Kopf. „Warum bist du hier?", wollte ich wissen. Als Antwort bekam ich; „Weil du nicht zuhörst! Du musst lernen zuzuhören."
Ich überlegte. „Möchtest du lernen zuzuhören?", fragte mich die göttliche Stimme. Ich bejahte das, und der Test ging weiter. Immer wieder wurde ich getestet, ob ich noch etwas höre, solange bis ich nichts mehr verstand. „Lerne zuzuhören!", sagte die Stimme und dann verschwand sie. Ich zitterte und schaute auf die Uhr. Das Erlebnis hatte gut 45 Minuten gedauert. Einen Moment lang wollte ich meinen Mann aufwecken und ihm erzählen, was passiert war, aber ich schwieg. Danach schlief ich irgendwann ein.
Nach all dem fing ich an, mich für Channeling, Telepathie, die innere Stimme und Intuition zu interessieren. Denn die Stimmen, die ich von nun an hörte, waren männlich und hatten definitiv nichts mit mir zu tun. Je mehr ich mich mit diesen Themen beschäftigte, umso mehr Fragen stellte ich den Stimmen. Ich begann zu verstehen, dass es eine Art Telepathie sein musste, denn es tauchten weitere Stimmen auf. Diesmal war

ich mir aber sicher, dass sie zu mir gehörten, denn sie nannten mir ihren Namen: der Mann, die Wut, die kleine Anke, die noch kleinere Anke, die weise Frau, das DU, das ICH und weitere, die ich als fremd einstufte. Manche von ihnen waren mitfühlend, ermutigend und hilfreich, andere dagegen ängstlich, wütend, kritisierend oder regelrecht einschüchternd.

Da es mir vorkam, als wären es Teile von mir selbst, hörte ich, was sie über mich zu sagen hatten. Ihre Einschätzungen und Einwände mir gegenüber waren berechtigt und ich erkannte mich selbst. Ich versuchte, mich mit den Stimmen zu einigen, einer nach der anderen. Manchmal verschwand eine von ihnen und wurde vermutlich eins mit mir, andere blieben.

Daher begann ich, mich mit dem Thema der Selbstliebe und dem Selbstwert zu beschäftigen, denn alle Gesprächsthemen kreisten um mich wie eine Schar Geier. Als ich dann meine Stimmen nach meinem Selbstwert fragte, bekam ich eine interessante Antwort. Ich sollte in den Flur gehen und den darinstehenden weißen Schrank öffnen. Was ich dort fand, war ein kleiner Beutel voll mit Münzen. Mir wurde erklärt, dass das mein momentaner Wert wäre. Mir wurde plötzlich angst und bange. Wie konnte das sein? Und wo kam der Beutel her? War er vielleicht schon länger darin und ich hatte ihn einfach ausgeblendet? Ich schob es auf einen Zufall. Bestimmt hatte ich mich nur selbst ausgetrickst, und mein Unterbewusstsein wusste wahrscheinlich längst, dass im Schrank dieser Beutel lag. Ich verlangte nach schlagkräftigen Beweisen und die bekam ich auch.

Am nächsten Tag sollte ich meine Tochter wie gewohnt zum Karatetraining bringen. Auf dem danebenliegenden Parkplatz stand eine große Linde. Dort sollte ich nach einem Geschenk suchen. Also stieg ich aus und ging auf den Baum zu. Was ich dort auf dem Boden fand, war ein silberner Kugelschreiber. Er würde mir helfen zu schreiben, so sagte man mir. Das genügte mir als Beweis für eine spirituelle Führung.

Mit der Zeit war ich hin- und hergerissen zwischen der spirituellen Welt, den Stimmen und der realen Welt, die mich umgab. Immer wieder meldete sich jemand zu Wort, selbst wenn ich mich gerade in einem Gespräch befand. Mit der Zeit wurde ich immer wieder gefragt, ob es mir gut gehe, denn ich sei abwesend. Ich wusste stellenweise nicht mehr, wem ich gerade zuhören sollte. Ich war von meiner inneren Kommunikation abgelenkt. Aber es war wie eine Sucht, sich zu unterhalten, während niemand etwas wahrnahm. Ich fühlte mich besonders, einzigartig. Selbst im Baumarkt, wo ich mit meinem Mann unterwegs war, bekam ich Auskunft darüber, welchen Gang wir suchen sollten. Songs im Radio schienen nur für mich zu spielen. Es war wunderschön und berauschend. Ich lebte in purer Euphorie und das Leben war schön.

Danach ging es abwärts. Ich konnte nicht mehr zwischen guten und schlechten Stimmen unterscheiden. Immer wieder bekam ich Bilder im Kopf, wie ich vor der Spüle stand und mir mit dem Messer die Pulsadern öffnete. Manche Stimmen meinten sogar, dass ich mich mit einem neuartigen Coronavirus angesteckt hätte und in Quarantäne sollte. Ich erzählte es meinem Mann, aber ich stieß nur auf taube Ohren. Ich schlief immer schlechter, denn auch nachts ließen mich die Stimmen nicht mehr schlafen. Ich wurde Nacht für Nacht regelrecht drangsaliert von den Stimmen in mir. Am Ende war ich überzeugt davon, dass ich eine Gefahr für die Welt darstellte, sodass ich ernsthaft versuchte, mir etwas anzutun. Zum Glück wurde dieser Versuch von meinem Mann vereitelt. Er rief den Rettungswagen, und ich wurde von zwei Männern mit Gewalt abgeholt. Selbst im Wagen überlegte ich noch, ob ich den Feuerlöscher erreichen könnte. Ich wurde in eine Klinik eingewiesen, überzeugt davon, dass ich das Ende der Welt herbeiführen würde.

Das ist jetzt ein Jahr her. Noch immer höre ich Stimmen, aber sie sind freundlich und ich weiß, dass es Aspekte meiner Selbst sind. Ob alle jemals verschwinden werden? Ich weiß es nicht. Das ist meine Psychose im Schnellverfahren.

Sehen Sie diesen Absatz als eine kleine Warnung. Denn wenn mir so etwas passieren kann, dann kann es jedem passieren. Sollten sie an Konzentrationsschwäche leiden, sich lustlos, emotionslos oder antriebslos fühlen, eine innerliche Leere spüren oder sogar Schlafprobleme haben, dann warten Sie nicht lange und suchen Sie einen Arzt auf, und zwar bevor das Kind in den Brunnen fällt. Vor allem, wenn Ihnen von Menschen in ihrer Umgebung gesagt wird, dass Sie sich anders oder merkwürdig verhielten, sollten bei Ihnen die Alarmglocken läuten. Ein Arzt kann in dieser Situation noch das Schlimmste verhindern.

Wie schon gesagt, steckte ich in einer Depression. Dieses Buch ist so aufgebaut, dass es darstellt, wie ich in diesen Zustand gelangte und mit welchen Schritten ich vorging, um herauszukommen.

Vorstellungsvermögen und Visualisierung

Viele Dinge, die ich ausprobiert habe, funktionieren über das Vorstellungsvermögen. Es ist die Fähigkeit, sich etwas so detailgetreu wie möglich vorzustellen. Unser Gehirn funktioniert bevorzugt über abgespeicherte Bilder. Gemachte Erfahrungen und Erinnerungen können wie ein Video abgespielt werden. Aus diesem Grund ergibt es Sinn, sich in Visualisierung zu üben.

Fangen Sie mit einem einfachen Gegenstand an. Nehmen Sie zum Beispiel einen Apfel. Halten Sie ihn in der Hand, drehen Sie ihn in jede Richtung und schauen Sie, wie die Oberfläche beschaffen ist. Welche Farbe hat er? Schnuppern Sie mal dran. Was riechen Sie? Beißen Sie mal beherzt rein. Wie schmeckt er? Saftig, süß, sauer, mürbe, pelzig. Was für Erinnerungen oder Gefühle kommen in Ihnen hoch? Nehmen Sie ihn mit allen Sinnen wahr. Und nun legen Sie den Apfel zur Seite. Setzen Sie sich bequem hin und schließen Sie die Augen. Strecken Sie die Hand aus und stellen Sie sich vor, Sie hätten diesen Apfel jetzt in der Hand. Machen Sie im Geiste genau dasselbe. Sehen Sie ihn von allen Seiten an. Riechen Sie an ihm und stellen Sie sich vor, wie er schmeckt. Merken Sie die Schwere in Ihrer Hand, als ob er wirklich da wäre.

Wenn es in Ihrer Vorstellung fast real ist, dann ist es das auch für Ihr Gehirn. Üben Sie mit verschiedenen Gegenständen. Trainieren Sie und probieren Sie sich aus.

Durchsetzungskraft

Das ist die psychische Stärke, die gebraucht wird, um seine eigene Lustlosigkeit, Ablenkungen und andere Blockaden zum angestrebten Ziel zu überwinden. Man hat ein festes Ziel und ist entschlossen, es auch zu erreichen. Sollte man das Ziel erreichen, ist das Resultat die Durchsetzungskraft. Je öfter man also Ziele verfolgt, kleine wie große, desto ausgeprägter wird die Durchsetzungskraft. Sie wird mit jedem erreichten Ziel größer.

Bei mir musste ich stark an dieser Kraft arbeiten, denn ich schob jede Kleinigkeit fast chronisch auf die lange Bank. Aus dem Grund habe ich mich selbst ausgetrickst, indem ich mir statt eines großen Ziels lieber viele kleine Teilziele steckte. Egal ob alles gleichzeitig oder in kleinen Schritten gemacht wird, das Ziel bleibt dasselbe. Aber so haben Sie einen Grund, sich öfter zu loben. Statt einmal stolz auf sich zu sein, können Sie sich öfter als einmal auf die Schulter klopfen. Also unterteilen Sie größere Projekte, wie Entrümpelung, Gartenprojekte, lieber in kleinere Teilziele auf. Da hat man mehr davon und vor allem auch zwischendurch mehr Erfolgsgefühle, was wiederum mehr motiviert.

PSYCHOSE geschrieben am 10.10.2023 von Anke Vuge
Ein dumpfer Ton, die Flasche fällt.
Ich habe mich zu dumm angestellt.
Mein Mann greift die Hände, hält sie starr.
Der Notruf! Das ist alles gar nicht wahr.

Du hast jetzt nur noch eine Chance.
Die Macht, der Wahnsinn, er war groß.
Die Augen weit, kniend ging ich zu Boden.
Wimmernd und weinend, ich wurde belogen.

Ein Stimmenwirrwarr spricht zu mir.
„Du bringst sie alle um, das schwör ich dir."
„Nun greif doch zu und mach schnell Schluss.
Bevor noch ein anderer das erledigen muss."

Wie lange es dauerte, ich weiß es nicht mehr.
Zwei Männer kamen, da fiel das Bewegen schwer.
Mein Blick glitt den metallenen Wänden entlang.
Ob ich den Feuerlöscher noch erreichen kann?

Schmerzhaft war der einzige Stich.
Ich schrie, doch verstand ich nicht.
Festgezurrt, fixiert die Arme links und rechts.
Und es wurde stiller. Das Licht endlich erlischt.

Organisation ist alles

Aufschreiben hilft! Mein Kurzzeitgedächtnis hat die ersten Monate echt gelitten. Ich konnte mir die einfachsten Dinge nicht mehr merken und vergaß ständig etwas. So lief ich öfter durch den Raum und wusste nicht mehr, was ich eigentlich wollte. Zu viel schwirrte mir im Kopf herum, dass ich mich stellenweise gar nicht richtig konzentrieren konnte. Also fing ich an, mir für alles Mögliche Notizen zu schreiben. So hat man alles auf Papier gebracht und braucht es nicht mehr im Hinterkopf zu behalten. Ich war konzentrierter und vor allem organisierter im Alltag. Für ein optimales Zeitmanagement brauchen Sie eine Priorisierung und vor allem ein Fälligkeitsdatum. Gerade wenn Sie sich Ziele setzen, ist es wichtig, das Ziel genau zu definieren. Was ist Ihr Ziel? – Ich möchte abnehmen. Wie viel will ich abnehmen? Und vor allem in welchem Zeitraum? Vielleicht wollen Sie eine Hütte im Garten bauen. Unterteilen Sie bei großen Projekten lieber in kleinere Teilaufgaben. So wird kein Schritt vergessen und Sie können die Zeit besser planen. Es muss nicht perfekt sein. Außerdem gibt es viele professionelle Apps, die Sie als Hilfsmittel nutzen können.

Sollten Sie wie ich Papier bevorzugen, besorgen Sie sich besser ein Klemmbrett und finden Sie dafür einen festen Platz. Sonst gehen Listen und Co. schnell im Papierkram unter und verschwinden auf Nimmerwiedersehen. Schreibkram, Rechnungen und Briefe sind mir ein Greul. Ich habe mich jetzt dazu entschieden, Boxen zu holen, worin ich zum einen den Schriftverkehr und zum anderen die Quittungen und Bons für die Steuer sammele. Außerdem habe ich mir eine Aktenmappe mit mehreren Fächern zugelegt. So kann ich Versicherungen und Rechnungen separat vorsortieren und muss sie dann nur noch abheften. Die folgenden Punkte sind Ideen, die meinen Tag auf jeden Fall entspannter und strukturierter machen. Vielleicht ist auch etwas für Sie dabei.

Morgenrituale und Routinen

Nach mehreren Klinikaufenthalten und zurück zu Hause mit passenden Medikamenten habe ich angefangen, meinem Tag einen Anfang zu geben. Nämlich mit einem persönlichen Morgenritual. Neben Katzenwäsche, Kind für die Schule fertig machen und den Haushalt schmeißen, habe ich rumprobiert und Punkte eingebaut, die mir den morgendlichen Tumult angenehmer machen und gute Laune verbreiten, um aus dem Bett zu kommen. So etwas Simples, wie Betten machen und Geschirrspüler einräumen, sorgt dafür, dass ich das Gefühl habe, schon etwas getan zu haben.

Gerade das Aufstehen ist für jemanden in der Depression eine echte Überwindung. Zumindest hatte ich den Eindruck, die Erdanziehungskraft hätte sich auf dem 4-m²-Bett verdreifacht. Mehr noch, meine Gliedmaßen waren an die Matratze getackert. Und als ob das nicht schon reichte, überzeugte mich eine Stimme davon, dass Aufstehen völlig überflüssig sei, schließlich sei man ja krank und gehöre ins Bett.

Die einzige Lösung, die ich hatte, war mehr Anlaufzeit einzuplanen und vor allem meinem innerlichen Schweinehund mit Gute-Laune-Musik das Handwerk zu legen. Es gibt im Internet sogar Videos, wo man Morgenyoga gleich im Bett machen kann. Sie sehen, es gibt viele Optionen. Probieren Sie es aus und stoppen Sie auch mal die Zeit für die einzelnen Aktionen, damit Sie wissen, wie viel Zeit Sie am Morgen so brauchen.

Das Gute daran ist, dass wenn man ohnehin seinen Morgen in Schritten plant, dann kann man auch gleich mit einbauen, dass das Frühstück gesünder ausfällt. Also gibt es bei mir jetzt Brot oder Brötchen, eine Schale Müsli mit ordentlich Haferflocken und Obst. Denn merken Sie sich, wenn die Psyche nicht mehr mitspielt, tut es die Verdauung meist auch nicht mehr. Das hier ist meine Morgenroutine. Vielleicht stellen Sie sich ja noch eine für abends auf. Routinen geben mir Sicherheit. Wie ist das bei Ihnen? Probieren Sie es aus!

1) Der Wecker läutet, einmal kräftig rekeln und das Kind wecken. Mit Musik das Bett machen, Jalousien hochziehen und mit laufendem Handy schon mal die Kaffeemaschine starten.
2) Waschen und Anziehen mit einer schönen Affirmation im Spiegel. Dann in die Küche und das Frühstück vorbereiten.
3) Ich frühstücke mit meiner Tochter, packe die Pausenbrote und nehmen meine Vitamine und Medikamente.
4) Das Kind wird zum Bus geschickt. Eventuell Busfahrkarte auswechseln. Die Wohnung einmal komplett lüften, Blumen gießen, Geschirrspüler leeren und Waschmaschine starten, getrocknete Wäsche mitnehmen.
5) Eine Tasse Kaffee auf der Eingangstreppe trinken, Terminplaner checken und anschließend Zähne putzen. Fertig.

Eine etwas andere Routine gibt es bei mir am Abend, wenn ich zur Ruhe komme. Sollten Sie gerade am Abend Probleme damit haben, zur Ruhe zu kommen, weil Sie tausend Sachen im Kopf haben, ist „Brain Dumping" vielleicht eine Option für Sie. Es heißt nichts anderes, als ihre Gedanken zu Papier zu bringen, bis gänzlich nichts mehr im Kopf bleibt. Sie haben alles aufgeschrieben, seien Sie sich also sicher, es wird nichts verloren gehen.

Gerade wenn es ums Schreiben geht, lohnt es sich, ein Journal, Tagebuch oder wie bei mir ein Dankbarkeitsbuch zu führen. Es ist ein gelungener Abschluss des Tages, wo man die vergangenen Stunden noch mal Revue passieren lassen kann.

Journal oder Tagebuch

Wenn man an Depression oder Psychosen leidet, ist der Leistungspegel oft sehr niedrig. Was gerne dazu führt, dass man nichts schafft und sich deswegen noch zur Schnecke macht. Ich habe am Anfang auch nicht viel geschafft. Es machte mich fertig, dass ich selbst Alltägliches nicht mehr schaffte. Ein Journal oder wie bei mir ein Dankbarkeitstagebuch kann helfen, den Überblick zu behalten und auch die kleinen Erfolge festzuhalten. Später kann man auf die vorherigen Wochen zurückblicken und sehen, was man geschafft hat, und das auch viel besser wertschätzen.

In meinem Buch notiere ich mir jeden Abend 3 Dinge, für die ich dankbar bin. Außerdem gibt es in meinem Buch 5 Ikons für Trinken, Schlaf, Bewegung, gesunde Ernährung und Dankbarkeit. So kann ich jeden Abend noch mal bewerten, ob ich auch von allen Punkten genug getan habe oder nicht. Gerade wenn man einen rabenschwarzen Tag hat, ist es auch nicht ungewöhnlich, wenn man gar nichts isst oder das Trinken komplett vor Stress vergisst. So habe ich abends immer die Möglichkeit, solche Punkte für mich selber noch mal zu bewerten. Das spornt mich natürlich an, regelmäßig was zu trinken, mehr Obst zu essen und auch den ein oder anderen Spaziergang zu tätigen, damit ich abends alles mit einem guten Gefühl abhaken kann. Termine und alles, was ich am Tag so schaffe, kann ich notieren und so später meinen Fortschritt sehen.

Eine etwas andere Option ist ein Motivationsglas. Dabei schreibt man jede Tätigkeit, die man gemeistert hat, auf einen Notizzettel und sammelt sie in einem großen Glas. Falls man einen schlechten Tag hat, wirft man einen Blick auf das Glas, um zu realisieren, dass man nicht nutzlos ist. Diese Glastechnik kann man natürlich auch für ganz andere Dinge verwenden. Wie wäre es mit Charakterzügen, die Sie an sich mögen. Haben Sie Humor? Sind Sie geduldig oder ein guter Zuhörer? Hilfsbereit? Es gibt vieles, das man sammeln kann und einen gleichzeitig aufbaut. Warum dann nicht nutzen?

To-DO-Listen

Gerade für Menschen wie mich, die viel planen, aber nicht zu Potte kommen, ist eine To-do-Liste eine gute Idee. Sie können Dinge auflisten, die Sie noch erledigen wollen oder noch tun müssen. So haben Sie alles auf einen Blick und müssen es nicht die ganze Zeit im Kopf behalten. Für mich ist es eine Option, der ich definitiv mehr Beachtung schenken sollte. Ich finde es sehr motivierend, wenn man Punkte auf seiner Liste erledigt hat und so den Punkt erfolgreich abstreichen kann. Klopfen Sie sich am besten nach erledigter Aufgabe selbst auf die Schulter. Das mag sich etwas merkwürdig anfühlen, aber seien Sie stolz auf sich, dass Sie etwas erreicht oder beendet haben.

Gerade der jährliche Check-up beim Arzt oder Zahnarzt sollte draufstehen. Die Steuererklärung, die Urlaubsplanung, sogar kleine Reparaturen können aufgelistet werden, damit sie nicht in Vergessenheit geraten. Tragen Sie Geburtstage, gemachte Termine, Urlaub und sonstige wichtige Ereignisse gleich in Ihren Terminkalender ein. Doppelt gemoppelt hält besser. Tragen Sie die Termine am besten noch zusätzlich ins Handy ein.

To-do-Listen können helfen, Ihrem Alltag mehr Struktur zu geben. Machen Sie am besten zusätzlich eine Liste mit den üblichen Hausarbeiten oder darüber, wie viel Zeit Sie morgens im Bad verbringen. Wenn Sie erst einmal wissen, wie viel Zeit Sie für diese und jene Tätigkeit brauchen, können Sie Ihre Termine viel besser planen und sind nicht so unter Zeitdruck. Ich wette, Ihnen fallen noch ganz andere Dinge ein, die Sie auflisten können. Ich könnte noch eine Liste für Kleinreparaturen im Haus gebrauchen. Ob sich mein Mann darüber freuen wird?

DIE TASSE AM MORGEN geschrieben am 06.06.2023 von Anke Vuge
Ein Lichtstrahl weckt das Auge,
blinzeln, bevor man sich bewegt,
ein paar Hände Wasser klauben,
sodann schon in der Küche steht.

Kaffee füllt sich in den Filter,
Kinder werden schnell geweckt,
Pausenbrote schon vorbereitet,
sie noch in den Tornister steckt.

Nun das Kind aus dem Haus,
muss ja noch den Bus erreichen.
Mit noch halb geöffneten Augen
einfach nach der Tasse greifen.

Vordertür ist weit geöffnet,
Sonne strahlt warm ins Gesicht.
Auf steinerner Treppe Platz genommen,
die erste Tasse ein Gedicht.

Vögel zwitschern, der Nachbar winkt,
und ich genieße den Moment.
Der Morgen ist sehr gut gelaufen,
Mutter hat heut nicht verpennt.

Selbstfürsorge

Unter Selbstfürsorge fällt praktisch alles, was uns körperlich, aber auch psychisch guttut. Und seien wir ehrlich, die meisten von uns, mich eingeschlossen, kümmern sich mehr um andere als um sich selbst. Ich vergleiche es immer gern mit einem Flugzeugabsturz. Wem setzt man als Erstes die Sauerstoffmaske auf? Sich selbst oder dem Kind auf dem Nebensitz? Natürlich sich selbst, weil man bewusstlos keinen weiteren Personen helfen kann. Es scheint fast selbstsüchtig, sich um sich selbst zu kümmern. Ist es aber weiß Gott nicht. Denken Sie immer dran. Man ist nur eine Stütze, wenn man selbst keine Unterstützung braucht. Das war eine Lektion, die ich auch erst lernen musste. Ich steckte zu sehr in der Selbstaufopferung für andere, für Kind und Ehemann.

Hier sind die Punkte aufgelistet, die ich zu meiner Selbstfürsorge zähle. Aber vielleicht fallen Ihnen noch weitere ein.

Körperwahrnehmung

Die körperliche Nähe, sprich Hautkontakt, ist überlebenswichtig. Bei einem Neugeborenen weiß man das, bei uns selbst vergessen wir das oft. Vielleicht cremen Sie sich nach der nächsten Dusche mal ein. Gehen Sie auf Tuchfühlung mit dem eigenen Körper. Er funktioniert nur für Sie, lassen Sie ihn das auch mal spüren. Streichen Sie einfach mal über die Haut. Diese Berührungen helfen dabei, die eigenen Grenzen besser kennenzulernen. Wenn man der Körperwahrnehmung regelmäßig nachgeht, kann es zu einer Verbesserung des eigenen Selbstbildes führen. Denn durch die Augen einer anderen Person werden wir oft physisch ganz anders wahrgenommen. Also lernen Sie ihren Körper besser kennen.

Hier ein kleiner Tipp, der sie dazu bringen kann, sich gerne anzufassen. Das Einzige, was man dafür braucht, sind ein Krug, ein Teesieb und ein Amethyst. Auf den Krug wird das Teesieb gelegt und da rein der Amethyst. Dann wird von oben heißes Wasser aufgegossen. Wenn das Ganze etwas abgekühlt ist, lassen Sie den Amethyst ins Wasser fallen, wo er mindestens 12 Stunden bleiben sollte. Im Sommer fülle ich mir dieses Amethyst-Wasser gerne in eine Sprühflasche und stelle es in den Kühlschrank. Dieses sehr erfrischende Wasser wird einmal über den ganzen Körper oder auch nur auf Teilbereiche gesprüht. Man lässt es dann auf der Haut von allein trocknen. Es sorgt dafür, dass die Haut energetisch harmonisiert wird. Die Haut wird bei mir dann immer unwahrscheinlich sanft und zart. Probieren Sie es aus! Vielleicht können Sie nicht mehr die Finger von sich lassen.

Alles, was zur körperlichen Pflege zählt, signalisiert dem Körper, dass er wichtig ist. Besonders die Füße sind ein Bereich, der viel zu selten Aufmerksamkeit bekommt und das, obwohl sie jeden Tag Ihr komplettes Gewicht tragen. Gerade barfuß gehen, ob im Haus, draußen im Garten, auf dem Rasen oder Sand, tut den Füßen gut. Machen Sie daraus einfach mal eine Gehmeditation. Nehmen Sie wahr, wie sich ihr Fuß vom Ballen bis zur Ferse abrollt. Was fühlen Sie unter ihrer Fußsohle? Lenken Sie ihre Aufmerksamkeit auf jeden einzelnen Schritt.

Hunger, Durst und Müdigkeit

Unser Körper sorgt jeden Tag für und kommuniziert auch mit uns. Ich finde es immer witzig, wenn ich höre, wie viel man doch am Tag so trinken soll. Dabei sagt uns unser Körper doch ständig, was er gerade braucht. Das kann aber anders sein, wenn man psychisch völlig überlastet ist. Man hat vielleicht gerade so gar keinen Hunger, und an Trinken wird auch kein Gedanke verschwendet. Was ich allerdings immer konnte, war schlafen. Ich fühlte mich so unglaublich müde, dass ich ganze Tage verschlief. Wenn Ihr Körper Ihnen also signalisiert, durstig, hungrig oder müde zu sein, dann geben sie ihm auch, was er braucht. Gerade in der heutigen Zeit ist es nicht mehr notwendig zu kochen.

Holen Sie sich ein paar Fertigpackungen ins Haus für den Fall, dass Sie wirklich keine Lust haben zu kochen. Das tun andere Leute auch, also können Sie das auch tun. Ich habe immer ein, zwei Sachen im Kühlschrank für den Fall, dass ich einfach zu erschöpft bin, um zu kochen. Dann gibt es halt mal Pizza oder Reibeplätzchen, was solls. Damit ich nicht vergesse zu trinken, habe ich es mir angewöhnt, immer ein Glas Kraneberger zu trinken, wenn ich in der Küche bin. Ich war auch schon mal so im Stress und in meinen Gedanken verstrickt, dass ich das Trinken komplett vergessen hatte. An so einem Tag lag ich seit Langem mal wieder im Rettungswagen, weil plötzlich mein Kreislauf nicht mehr wollte. Und dann liegt man da und wird nett gefragt, wann man zuletzt was getrunken hat. Peinlich, wenn man so wie ich nicht mehr weiß, wann man das letzte Glas in der Hand gehabt hat. Ich hatte es schlicht vergessen oder ignoriert, weil alles andere an diesem Tag wichtiger für mich war. Also gewöhnen Sie sich an, regelmäßig etwas zu trinken. Vor allem, wenn sie müde sind, sollten Sie sich eine Pause gönnen und schlafen. Selbst wenn es nur eine halbe Stunde ist: Ihr Körper scheint es zu brauchen, sonst würde er Sie nicht extra so müde machen. Geben Sie nach und hauen Sie sich eine Runde aufs Ohr.

ME-Time

Planen Sie endlich mal Zeit für sich selbst ein. Wie wäre es mit einem Einkaufsbummel, wo Sie sich so viel Zeit lassen können, wie Sie wollen. Ein kleines Päuschen im nächsten Café. Was würden Sie tun, wenn Sie Zeit für sich hätten? Ein gutes Buch lesen, in die Sauna gehen, Ihren Hobbies nachgehen oder einfach mal ausgiebig in der Sonne faulenzen? Vielleicht springen und singen Sie im Wohnzimmer zu Ihren alten Lieblingssongs. Schreiben Sie doch eine Liste mit all den Dingen, die Sie irgendwann gerne mal tun wollen, für die Sie nur bisher nicht die Zeit gefunden haben. Es ist Ihre Zeit, Sie sind am Drücker! Am gesündesten soll es angeblich sein, wenn man am Tag mindestens eine Stunde für sich einplant. Ich weiß nicht, ob Ihr Terminplan das auch zulässt, aber planen Sie Zeit für sich ein. Also suchen Sie sich einen passenden Zeitpunkt und nutzen Sie Ihre ME-TI-ME für sich selbst.

Ich habe auch immer Zeit für meine Tochter und ihre Hobbies, da ist es nicht verwerflich, auch an sich selbst zu denken. Sie sind auch wichtig und verdienen eine Auszeit vom Alltag, in der Sie nur Sie selbst seien können. Es wird höchste Eisenbahn, dass Sie lernen, auch Zeit für sich zu beanspruchen. Das hat nichts mit Egoismus zu tun, sondern mit Selbstfürsorge, Selbstliebe und Gleichberechtigung.

Bewegung

Auch das gehört zum Thema Selbstfürsorge, auch wenn ich mich nur selten daranhalte. Sport ist mir ein absolutes Greul. Unser Körper ist aber ein Bewegungsapparat und braucht regelmäßig Bewegung, sonst baut er ab. Egal, ob Sie nur einen Spaziergang machen oder Joggen gehen. Finden Sie etwas für sich, das Sie auch regelmäßig bewältigen können. Damit ich mich genug bewege, habe ich mir eine Fitnessuhr besorgt. 10.000 bis 12.000 Schritte pro Tag sind durchaus machbar und helfen mir dabei, mit einem guten Gewissen ins Bett zu gehen. Vielleicht nehmen Sie bei der Arbeit statt des Aufzugs die Treppe oder holen mal die Brötchen zu Fuß oder mit dem Rad ab. Jede Kleinigkeit zählt für mich. Manchmal drehe ich sogar ein paar Kilometer auf dem Heimtrainer. Gerade wenn es die Wetterverhältnisse nicht zulassen, ist es ganz gut, wenn man auf einen Heimtrainer zurückgreifen kann. So ist man nicht so ans Wetter gebunden und hat auch keine Ausrede, sich nicht mal abzustrampeln. Wie gesagt, gehöre ich zu den absoluten Sportmuffeln, aber ein gewisses Maß an Bewegung ist immer drin. Finden Sie für sich etwas Passendes, was Ihre körperlichen Möglichkeiten nicht übersteigt. Bewegung ist einfach wichtig.

Selbstliebe

Mit Selbstliebe ist die bedingungslose Liebe zu sich selbst gemeint. Jeder hat seine Marotten und Ticks. Ich empfinde das als etwas Besonderes. Keiner ist wie der andere, niemand hat in seinem Leben die gleichen Erfahrungen und Bewertungen wie Sie gemacht. Also fangen Sie nicht an, sich mit anderen zu vergleichen. Seien Sie ehrlich zu sich selbst. Jeder macht einmal Fehler. Die meisten davon macht man nicht zweimal, von daher lernt man durch Fehler. Jeder von uns hat aber auch Schwächen. Die gehören auch zu Ihnen. Können Sie die auch annehmen, wie sie sind? Kennen Sie Ihre Bedürfnisse?

Bedingungslose Liebe meint genau das: sich ohne irgendwelche Ansprüche zu lieben. Seine Stärken als auch seine Schwächen so zu akzeptieren, wie sie sind. Vor allem heißt es aber auch, gut mit sich umzugehen. Damit meine ich nicht nur den Körper. Nein, ich meine die Gedanken. Beobachten Sie mal, wie Sie über sich selbst oder andere denken. Wie reden Sie mit sich selbst? Ich war selbst mein größter Kritiker. Ich ging mit anderen Personen besser um als mit mir selbst. Und so sollte es nun wirklich nicht sein. Seien Sie sich selbst ihr bester Freund. Wie würden Sie mit ihrem Freund sprechen? Hier kommen jetzt ein paar Punkte, die ich auch zum Thema Selbstliebe zählen würde.

Nein sagen

Leichter gesagt als getan. Besonders wenn man zu den Personen gehört, die selten etwas ausschlagen können und sich erbarmen, weil zum Beispiel niemand in den Elternbeirat will. Kurz, wenn sich keine Freiwilligen für einen Job finden ließen, war mein Finger letzten Endes oben. Erkennen Sie sich da auch wieder? Gehören Sie zu den Kümmerern? Diesen Luxus nachzugeben, kann ich mir aber nicht mehr leisten. Und Sie müssen das auch nicht. Vielleicht haben Sie auch ein Helfersyndrom, so wie ich. Man möchte unbedingt für jemanden da sein und/oder unterstützen. Das kann auf Dauer anstrengend werden. Sie können nicht für jeden und alles da sein.

Wenn also unverhofft die Nachbarin zum Plaudern vor der Tür steht und Sie dafür keinen Kopf haben, sagen Sie: „Nein". „Nein" ist ein vollständiger Satz. Sie müssen sich nicht verbiegen, um alle Verabredungen unter einen Hut zu kriegen. Es sind Verabredungen, aber wir verwechseln das gerne mit dem Wort Verpflichtungen. Sie sind zu nichts verpflichtet. Wenn es zu viel wird, lehnen Sie einfach ab. Mit der Zeit werden Sie feststellen, je öfter Sie „Nein" sagen, desto einfacher wird es Ihnen über die Lippen gehen.

Belohnungen

Das war eins meiner wohl größten Probleme. Wie belohne ich mich selbst? Habe ich mir eine Belohnung überhaupt verdient? Nehme ich diese Belohnungen überhaupt wahr? Was ist für mich eine Belohnung? Und vor allem, wie spüre ich sie? Wie fühlt es sich an, belohnt zu werden? Es mag sich seltsam anhören, aber ich konnte diese Fragen nicht beantworten, denn mein Belohnungssystem funktionierte nicht. Jeder andere mag jetzt denken: „Das ist doch nicht schwer. Kauf dir einfach ein paar Schuhe. Gönn Dir was!" Aber so leicht war es einfach nicht. Zumindest für mich nicht.

Ein Lohn oder die Belohnung ist etwas, das ich nie gelernt habe, anzunehmen. Meine Tochter konnte ich ohne Probleme belohnen, aber bei mir selbst machte ich Unterschiede. Es war, als ob meine Messlatte so hoch war, dass ich das zu erbringende Ziel nicht erreichen konnte. Folglich hatte ich keinen Lohn verdient. Wie komme ich also dahin?

Als Belohnung kann man alles Mögliche nehmen. Es gibt in diesem Fall keine Grenzen. Ob Süßigkeiten oder ein paar Schuhe ... Manche belohnen sich sogar mit einer Zigarette. Zu den Süßigkeiten lasst mich sagen: Ja, sie sind ungesund. Aber seien wir ehrlich, wenn man zu dunkler Schokolade greift, isst man auch nicht so viel davon. Vor allem werden durch die Schokolade Glückshormone im Körper ausgeschüttet und das Belohnungssystem angeregt. Also ein Hoch auf die Schokolade.

Die Belohnung, die ihr wählt, sollte immer im passenden Verhältnis zu der Aufgabe oder dem Ziel stehen, die/das ihr erreicht habt. Wenn ich etwas Größeres erreicht habe, will ich mir etwas Gutes tun. Warum also nicht mal eine Massage, Maniküre oder ein Besuch beim Friseur. Sollte es noch eine Spur größer sein, wie wäre es dann mit einem Tanz- oder Kochkurs, einem Wochenendtrip ans Meer. Egal, was ihr wählt, lasst es Euch gut gehen.

Sich Selbst Loben

Die meisten kennen den Satz: „Eigenlob stinkt." Dreimal dürfen Sie raten, was mein Problem war. Sich selbst zu loben, ist aber nicht verwerflich. Es hat auch nichts mit Egoismus zu tun, was manche sicherlich vermuten werden. Weit gefehlt, es ist ein Fall von Selbstfürsorge, sich selbst zu loben. Und seien wir ehrlich, wann haben Sie zum letzten Mal einen Schulterklopfer bekommen. Oder noch besser, wann haben Sie zuletzt gehört, dass Sie etwas toll gemacht haben. In der Kindheit, oder?

Es ist völlig in Ordnung, wenn man sich mal selbst auf die Schulter klopft. Zugegeben, es ist die ersten Male ein komisches beziehungsweise fremdes Gefühl, sich selbst zu loben. Wir tun es aber auch viel zu wenig. Gerade nach getaner Arbeit oder auch beim Sport, nach erfolgreich abgeschlossenen Meetings oder Prüfungen. Warum das nicht feiern? Ich habe meiner Tochter damals beigebracht, da konnte sie noch nicht sprechen, dass man sich über toll gemachte Sachen freuen kann. Sie warf dann immer die Arme hoch wie Rocky, nachdem er durch die halbe Stadt gejoggt ist und am Ende die Treppe hochrennt. Mittlerweile ist sie natürlich älter, da ist Händehochschmeißen doof. Aber ab und an erwische ich sie noch dabei, wie sie in ihrem Zimmer einen kleinen Freudentanz aufführt.

Wie gesagt, es hat einige Zeit gedauert, bis ich mich an mein eigenes Schulterklopfen gewöhnt habe. Beim Laufen habe ich mir vorgenommen, auch mal die Hände in die Luft zu schmeißen. Mal sehen, wie das wirkt, wenn ich meine Runde beendet habe.

Affirmationen

Das sind positive Glaubenssätze, die meistens in der Ich-Form gebildet werden und darauf abzielen, ein bestimmtes Verhalten oder die innere Einstellung zu verbessern. Eine gute Affirmation am Badezimmerspiegel sorgt für einen guten Start in den Tag. Der Formulierung von Affirmationen sind keine Grenzen gesetzt. Allerdings funktionieren sie nur, wenn sie oft und regelmäßig angewandt werden. Sie müssen oft genug wiederholt werden, damit sie zum Glaubenssatz werden, der auf Dauer wirkt. Zu beachten dabei ist, dass der Satz in der Gegenwartsform geschrieben ist. Vor allem müssen Sie ihn glauben können. Was bei positiven Affirmationen noch zu beachten ist, ist, dass Sie keine Verneinung benutzen; also „kein", „keine" und „nicht" sollten Sie in Ihren Affirmationen weglassen. Hier sind ein paar einfache Beispiele. Werden Sie kreativ!

Ich bin gut, so wie ich bin.
Ich bin glücklich mit mir selbst.
Ich schaffe, was ich mir vorgenommen habe.
Ich nehme mein Glück selbst in die Hand.
Ich bin genug.
Ich bin das Beste, was mir passieren konnte.
Ich glaube an mich und vertraue mir.
Ich darf „Nein" sagen.
Ich darf Fehler machen.
Ich schaffe das.
Ich verdiene es, geliebt zu werden.
Ich bin wertvoll.
Ich tue, was ich liebe.
Ich bin stark und selbstbewusst.
Heute ist ein toller Tag.
Gesundheit ist mein natürlicher Zustand.
Ich werde von Tag zu Tag mutiger.
Ich bin ruhig und entspannt.

Die folgenden Affirmationen beziehungsweise Gebete habe ich am 28.10.2023 verfasst.

FÜR MEHR SELBSTLIEBE

Ich bin wertvoll und einzigartig.
Ich bin das Beste, was mir passieren kann.
Ich freue mich auf den neuen Tag und bin dankbar für alles, was er mir schenken wird. Amen.

WENN ES DUNKEL IST

Ich bin ausgeglichen und klar.
Ich ruhe in mir selbst, und das Licht durchflutet mich mit Wärme.
Ich fühle mich geborgen und bin gehüllt in der göttlichen Liebe.
Ich bin bereit, wenn Gutes mir begegnet.
Amen.

Soziale Kontakte und toxische Beziehungen

Soziale Kontakte sind wichtig. Schließlich muss man sich auch mal austauschen können oder einfach Dampf ablassen. Manchmal hilft auch die Meinung anderer, um alles aus einem anderen Blickwinkel zu sehen, damit eine Entscheidung getroffen werden kann. Wenn Sie Sorgen haben, können Sie sich jemanden anvertrauen. Kurzum: Jeder braucht einmal eine Person zum Reden.

Bei psychischen Erkrankungen löst sich dort die Spreu vom Weizen. Ich habe bemerkt, wer für mich da ist und wer eben nicht. Wer mir wirklich guttut und wer mit seiner Schwarzseherei dafür sorgt, dass es mir nur schlechter geht. Ich habe nur eine Handvoll guter Freunde, denen ich wirklich alles erzählen kann. Man braucht aber auch nicht viele. Zwei, drei gute Freunde reichen völlig aus. Schließlich müssen auch Freundschaften gepflegt werden. Wann hatten Sie den letzten Mädelsabend? Waren Sie wieder einmal beim Stammtisch? Vielleicht sind Sie Mitglied in einem Buch- oder Kegelklub. Die Hauptsache ist, Sie haben im Notfall immer eine Anlaufstelle, und das sollte auf Gegenseitigkeit beruhen.

Sollte immer nur einer geben und der andere nehmen, hat man schnell eine toxische Beziehung. Ich hatte in der Vergangenheit eine Freundin, die mich immer nur dann besuchte, wenn es ihr schlecht ging und sie jemanden zum Reden brauchte. Ich hörte mir dann geduldig an, was für einen Kummer sie hatte, und nach geschlagenen 90 Minuten und mehreren Tassen Kaffee war sie mit dem Thema durch und verabschiedete sich kurz darauf. Mir ging es danach oft schlecht, ich war dann irgendwie kraftlos, energielos. Ich hatte immer den Eindruck, sie hätte ihren ganzen Müll abgeladen, bei mir aufgetankt, um dann wieder fröhlich nach Hause zu fahren.

Ich wette, Sie kennen auch so eine Person, bei der man sich irgendwie schlecht fühlt. Wenn diese Beziehung nur einseitig bleibt oder Sie sich anschließend erschöpft fühlen, überprüfen Sie, ob Sie bei dieser Beziehung bleiben wollen. Sie können ansprechen, dass die Freundschaft sich für Sie einseitig anfühlt. Schließlich kann es sein, dass es Ihrem Freund oder Ihrer Freundin gar nicht bewusst ist. Ansonsten überlegen Sie, ob Sie diese Freundschaft aufrechterhalten wollen oder nicht. Denn eine toxische Beziehung aufrechtzuerhalten, kostet Sie nur Kraft und Energie.

Entspannungstechniken

An dem Thema Entspannung kommt man heutzutage nicht mehr vorbei. Das Leben ist einfach zu hektisch und schnell geworden, sodass man kaum noch aufatmen kann. Ein Termin jagt den anderen, und bei den meisten ist der Alltag regelrecht durchgetaktet. Da ist es nicht verwunderlich, dass sich viele gar nicht mehr entspannen können. Es nicht sogar regelrecht verlernt haben.

Ich selbst habe mir auch nicht die Zeit für Entspannung genommen, dabei wäre es mehr als nötig gewesen. Letzten Endes war ich so angespannt, dass ich dachte, ich hätte einen Herzinfarkt, und der RTW wurde gerufen. Meine Anspannungen waren vom Rücken über die Schulter nach vorne zum Zwerchfell gezogen, sodass ich nicht richtig atmen konnte. Tun Sie sich also lieber selbst den Gefallen und üben Sie sich in Entspannung. Probieren Sie unterschiedliche Arten aus, irgendetwas wird auch für Sie dabei sein.

Achtsamkeit – Das Jetzt Genießen

Eine ganz andere Art der Meditation ist die Achtsamkeit. Es geht dabei darum, die Aufmerksamkeit auf die Sinneswahrnehmung zu richten. Riechen, Hören, Sehen, Schmecken und Fühlen werden genutzt, um sich gezielt auf den Moment zu fokussieren. All diese Sinne lassen sich am besten bei einer Sache vereinigen – dem genussvollen Essen. Wie sieht das Essen auf dem Teller aus? Riecht es lecker? Wonach riecht es genau? Und der Geschmack? Können Sie die Zutaten schmecken? Wie fühlt es sich beim Kauen im Mund an? Was für Geräusche machen Sie dabei? Was hören Sie in der Umgebung? So kann selbst eine Schale Erdbeeren zum Geschmackserlebnis werden.

Achtsam zu sein, bedeutet im Hier und Jetzt zu sein. Der Moment, das Jetzt, wird mit allen Sinnen wahrgenommen. Im Moment denkt man nicht an zukünftige Ereignisse oder die Vergangenheit. Sie sind bewusst und geistesgegenwärtig, Sie sind präsent. Stress und Ängste können nur entstehen, wenn Sie an die Zukunft oder Vergangenheit denken. Sollten Sie also merken, dass Sie an Vergangenes denken, ist das ein Hinweis darauf, dass Sie nicht achtsam sind.

Eine Grundübung für den ganzen Körper ist der sogenannte Bodyscan. Dabei richtet man seine Aufmerksamkeit nur auf den eigenen Körper. Machen Sie es sich auf einer Matte bequem und erspüren Sie die Unterlage. Schrittweise wandern Sie nun mit Ihrer Aufmerksamkeit den Körper entlang. Angefangen bei den Füßen, über Knöchel, Unterschenkel, Knie und weiter aufwärts bis zum Kopf. Gehen Sie mit Ihrer Aufmerksamkeit auf die entsprechende Stelle und spüren Sie sich dort hinein. Tut etwas weh? Gibt es dort Anspannungen? Zum Bodyscan gibt es übrigens auch vorgeführte Versionen im Internet.

Eine kleine Fühlübung kann man aber auch zwischendurch bei der Arbeit machen. Zeichnen Sie mit dem Zeigefinger eine Spirale in ihre Handfläche. Anschließend umfahren Sie mit demselben Zeigefinger den Umriss der einzelnen Finger Ihrer Hand.

Autogenes Training

Autogenes Training ist eine Art Selbsthypnose, mit der man sich selbst in die Entspannung bringt und Stress abbaut. Dabei werden Körperfunktionen wie Atmung, Puls und Blutdruck beeinflusst. Sollten Sie an niedrigem Blutdruck leiden, würde ich Ihnen vom autogenen Training abraten, denn dabei kann der Blutdruck zu niedrig absinken. Bei psychischen Störungen sollten Sie es ebenfalls nicht anwenden. Greifen Sie dann lieber auf die progressive Muskelentspannung zurück. Beides, progressive Muskelentspannung und autogenes Training, werden gerne auch als Kurse für Anfänger angeboten. Sollten Sie unsicher sein oder an anderen körperlichen Problemen leiden, fragen Sie Ihren Arzt, ob das autogene Training bedenkenlos angewendet werden darf. Viele Krankenkassen bieten ebenfalls entsprechende Kurse an, manche stehen sogar online zur Verfügung. Schauen Sie einfach einmal nach.

Die Schwereübung

1. Ziehen Sie sich an einen ruhigen Ort zurück und sorgen Sie dafür, dass Sie 10 Minuten lang nicht gestört werden.
2. Legen Sie sich am besten mit einer Matte lang auf den Boden. Ihre Arme liegen links und rechts neben dem Körper.
3. Schließen Sie die Augen und atmen Sie einmal tief ein und aus. Sagen Sie sich in Gedanken oder laut dreimal: „Ich bin ruhig und entspannt." Sollte diese Affirmation nicht für Sie passen, verwenden Sie andere Wörter, die für Sie stimmig sind. Vielleicht sind Sie ja auch ruhig und gelassen.
4. Erspüren Sie den Boden unter sich und gehen Sie mit Ihrer Aufmerksamkeit auf Ihren linken Fuß. Sagen Sie sich selbst oder in Gedanken: „Linker Fuß ganz schwer. Ganz schwer. Schwer." Wiederholen Sie das noch zweimal. Wie fühlt sich Ihr linker Fuß jetzt an? Schwer hoffentlich.
5. Arbeiten Sie sich so weiter voran, das Bein hoch, rechter Fuß, rechtes Bein, Hüfte, Rücken, linker Arm, rechter Arm.
6. Ich hoffe, Sie fühlen sich entspannt und schwer. Falls nicht, können Sie folgenden Satz noch dreimal sagen: „Ich bin ruhig und entspannt."
7. Um das Training zu beenden, spannen Sie noch einmal alle Muskelgruppen an und strecken Sie sich anschließend ausgiebig. Öffnen Sie die Augen und nehmen Sie zwei tiefe Atemzüge voll Wachheit.
8. Stehen Sie auf und machen Sie sich noch mal richtig groß.

Yoga und Atemübungen

Yoga ist die perfekte Achtsamkeitsübung. Es ist das Wahrnehmen der Bewegungen, Kraftaufbau, Entspannung und Stressabbau in einem. Die Konzentration wird dabei auf die Atmung und Muskulatur gelegt. Das gezielte Anspannen der Muskeln sorgt für einen Fokus auf den eigenen Körper. Der Körper wird gestärkt, was auf Dauer auch zu einer besseren Haltung führen kann. Man ist mit der Aufmerksamkeit nur bei seiner Atmung und den angespannten Muskeln. Diese Geisteshaltung sorgt dafür, dass kein Platz mehr bleibt für irgendeine Art von Gedankenkarussell oder sonstige Ablenkung. Man ist eins mit seinem Körper, mehr nicht.

Ob Sie einen Yogakurs besuchen, einen VHS-Kurs machen oder einfach für sich 10 Minuten Guten-Morgen-Yoga im Bett machen. Probieren Sie es mal aus, vielleicht ist Yoga genau das Richtige für Sie, um den hektischen Alltag zu vergessen und zu entschleunigen. Beim Yoga werden Sie auch unterschiedliche Atemtechniken kennenlernen. Atemtechniken sind deshalb interessant, weil Sie so Ihren Stresslevel schnell senken können. Durch das langsame Ein- und Ausatmen kommt man schnell zur Ruhe.

Von meiner Lieblingstechnik will ich hier kurz erklären. Sie heißt Piko-Piko Atmung. Piko kommt aus dem Hawaiianischen und bedeutet Spitze. Machen Sie es sich bequem und atmen Sie ein paarmal ruhig ein und aus. Jetzt stellen Sie sich vor, wie Sie kurz über dem Kopf einatmen und durch den Nabel ausatmen. Man kann sich die Luft, die man einatmet, auch farbig vorstellen. Ich nehme immer gerne helles Weiß oder Grün. Sollten Sie irgendwo Schmerzen oder Anspannungen haben, dann atmen Sie zwischendurch dorthin, damit sich dieser Bereich entspannen kann. Sie können auch eine Hand auf den Kopf legen und eine auf den Nabel, um sich zu verdeutlichen, wo Sie mit Ihrer Aufmerksamkeit hinmüssen. Zusätzlich können Sie auch noch ein Mantra in Gedanken sprechen. Wie wäre es mit: „Ich bin voller Kraft." Oder: „Ich bin entspannt." Lassen Sie sich was einfallen. Sie wissen am ehesten, was Ihnen hilft.

Meditation

Bei der Meditation geht es darum, sich zu koordinieren, Konzentration zu lernen und seine Aufmerksamkeit zu fokussieren. Setzen oder legen Sie sich in ruhiger Umgebung hin und sorgen Sie dafür, dass Sie Zeit haben und niemand Sie stört. Der Fokus liegt nur auf Ihnen, auf Ihrer inneren Stimme. Es werden gerade am Anfang viele Gedanken bei Ihnen hochkommen. Sie können diese Gedanken in eine Wolke packen und wegfliegen lassen. Bewerten Sie Ihre Gedanken nicht, nehmen Sie nur zur Kenntnis, dass sie da sind. Vielleicht packen Sie Ihre Gedanken in einen Güterwagen und lassen den Zug wegfahren. Ihre Gedanken sind Boote, die Sie sehen, aber einfach vorbeifahren lassen.

Für Anfänger reichen schon 10 Minuten, um zu lernen, wie man den Geist fokussiert. Erzwingen Sie nichts, gehen Sie ohne Erwartungen ans Meditieren. Es gibt kein Richtig oder Falsch. Lassen Sie die Gedanken vorbeischweben. Mit der Zeit und Übung werden es weniger werden. Man wird ruhiger und gelassener. Vielleicht zünden Sie eine Duftkerze oder Stäbchen an. Erschaffen Sie sich Ihr eigenes Meditationsritual. Konzentrieren Sie sich auf den Duft und die Ruhe. Ich mache das mit geschlossenen Augen. Es gibt aber auch einfache Meditationsübungen für Anfänger. Zum Beispiel eine Kerzenmeditation, wo man nur die Flamme beobachtet und alles andere vorbeiziehen lässt. Oder eine Atemmeditation, wobei man nur den normalen Strom der eigenen Atmung beobachtet, ohne etwas zu beeinflussen oder zu ändern. Sollten Ihre Gedanken abschweifen, ärgern Sie sich nicht und führen Sie sanft Ihre Aufmerksamkeit zurück auf die Atmung beziehungsweise zur Flamme.

MAKE-UP geschrieben am 01.01.2024 von Anke Vuge
Am Morgen lege ich sie immer an.
Die Maske, die keiner durchschauen kann.
Ich lächle, wenn mir nicht danach ist.
Höre Behindertenwitze ganz ohne Witz.

Ich könnte schreien, doch das Mitlachen lässt es nicht zu.
Bevor du jemanden vor den Kopf stößt, höre ich nur stumm zu.
Dem Chef nicht sagen, wie falsch er liegt,
lieber nur beipflichten und nichts geschieht.

Sich ducken, verdrehen und verschweigen.
Die eigene Meinung verdrängen und still leiden.
All das kann ich mit der Maske tun.
Ich schminke mich nicht mehr.

Selbstbestimmung und Zielsetzung

Bevor man irgendeine Reise antritt, und das tat ich ja schließlich, muss man wissen, wo es letztendlich hingehen soll. Ich musste ein Ziel definieren. Wer wollte ich überhaupt sein? Wie wollte ich mich verhalten? Was war wichtig für mich? Was waren meine Schwachstellen? Und wollte ich die überhaupt ändern? Es sind schließlich die kleinen Unvollkommenheiten, die uns etwas ganz Persönliches, etwas Authentisches geben. Eine Marotte, die sonst niemand hat.
    Ich habe viel darüber nachgedacht, bis mir auffiel, dass das, was ich tat, gar nicht das Ziel war. Letzten Endes waren es nur Steine auf meinem Weg.
    Das Ziel war viel einfacher: „Wie werde ich glücklich?" Indem ich die Person werde, die all meine Vorstellungen verkörpert. Man ist einfach seine Zielvorstellung. Ich handele wie die beste Version von mir, die ich mir vorstellen kann. Anke 2.0.

Ich schloss also die Augen und stellte es mir bildlich vor, wie ich selbst bereits diese Person war. Wie mein Leben aussehen würde. Was ich alles tun würde. Vor allem für mich selbst. Wie sah dieses glückliche Leben aus? Ich bemerkte, wie dieses Gefühl von Glück und Zufriedenheit in mir hochstieg, und verweilte darin. Ich sah mich selbst. Ich hatte endlich geschrieben, hatte Spaß mit meiner Familie, tobte mit meinem Kind auf dem Rasen, ein Grillabend mit den Nachbarn, es war herrlich. Den Geruch vom Grillfleisch hatte ich immer noch in der Nase, und als ich die Augen öffnete, waren 45 Minuten vergangen.
    Ich bin fest davon überzeugt, dass wenn man sich nicht vorstellen kann, auf dem Mond zu laufen, dann wird man auch nie ins All kommen. Kein Ziel wird je erreicht werden, wenn man es sich gedanklich nicht vorstellen kann.

Wenn Sie Ihre Zukunft manifestieren möchten, dann tun Sie das Gleiche wie ich. Nehmen Sie sich Zeit, sorgen Sie dafür, dass

Sie nicht gestört werden, und stellen Sie sich ihre ganz persönliche Zukunft vor. Machen Sie es zu Ihrer Wirklichkeit, indem Sie sehen, riechen, hören, schmecken und fühlen. Wird vielleicht Musik gespielt? Wie schmeckt der Kaffee beim Nachbarn? Wie riechen die Blumen im Garten? Je echter Sie es sich vorstellen können, desto eher kann es Wirklichkeit werden. Fühlen Sie die Sonne auf der Haut oder die Wärme im Rücken, wenn Sie umarmt werden. Alles ist möglich, solange Sie es sich auch vorstellen können. Haben Sie jetzt ein Ziel? Wissen Sie, wo Sie hinwollen?

Mittlerweile denke ich, der Sinn des Lebens besteht darin, sich neu zu entdecken. Manche mögen es Midlife-Crisis nennen. Ich nenne es Selbstbestimmung. Es ist nicht einfach und ich werde Ihnen da nichts vormachen, aber letzten Endes entscheidet das Ziel.

Wir haben ein Ziel und sitzen bereits im Auto. Was nun? Um wirklich fahren zu können, braucht man einen Führerschein. Der unterliegt gewissen Regeln und Grundkenntnissen, die auch Sie wissen müssen. Schon allein, um zu wissen, wie man diesen Weg überhaupt fährt.

Was Ihr Ziel anbelangt, machen Sie sich da keine Sorgen. Wenn Sie Ihre Zielvorstellung gemacht haben, weiß Ihr Unterbewusstsein Bescheid und wird dafür Sorge tragen, dass Sie automatisch die richtigen Entscheidungen treffen, die zu diesem Ziel führen. Jetzt wird es Zeit für ein paar Verkehrsregeln.

Die Regeln: Warum alles ist, wie es gerade ist

Um zu verstehen, wie ich zu diesem Menschen geworden bin, habe ich viel gelesen. Einfach, weil ich wissen wollte, wie das Gehirn funktioniert. Wir sind ja schließlich alle eine Art Computer, ein Verstand in einem Körper, und die Informationen und Programme müssen ja einen Ursprung haben. Ergibt Sinn, oder?

Wenn wir auf die Welt kommen, sind wir noch unbelastet. Unser Speicher an Erfahrungen ist noch komplett leer. Wir kennen noch nichts und müssen lernen. Das tun wir unentwegt über die Sinneswahrnehmung. Wir riechen, hören, schmecken, sehen und fühlen alles, was wir uns in den Mund stecken können. Erdbeere: lecker, süß, gutes Gefühl, Freude oder halt Sand, körnig, schlechtes Gefühl, Ekel. Wir haben alles irgendwo ausgetestet, etwas dazu empfunden und es positiv oder negativ bewertet. Diesen Zustand könnte man als Grundprägung bezeichnen.

Wir werden älter und nehmen Tausende Informationen auf. Wir beobachten Situationen, sehen das Verhalten anderer Menschen, imitieren und betreiben „Learning by Doing", um herauszufinden, wie die Welt funktioniert. Dabei werden Programme gespeichert. Lösungsstrategien, die Sie selbst bei Problemen erstellt haben und schlicht durch Imitation für gut oder eben schlecht befunden haben.

Während Sie älter werden, werden Sie von den Grundprägungen und Programmen, die Sie gespeichert haben, beeinflusst. Ihre Prägungen werden bald durch Worte gefestigt. Auch Worte können sowohl gut als auch schlecht sein: Ihr dürft, müsst, könnt, sollt, möchtet … tun, sein, alles klingt anderes, schwingt anders. Hinter manchen Worten sitzt ein fühlbarer Zwang und bei anderen hat man die Wahl, sich frei zu entscheiden. Für die Programme gilt dasselbe. Auf jede gemachte Erfahrung folgt ein Gefühl, das wir auch körperlich wahrnehmen. Ob wir uns freuen, uns vor Lachen schütteln oder aufbrausend werden und uns sogar der Atem stockt. Jedes Gefühl löst eine andere Art von Symptomen im Körper aus.

Mit der gemachten Erfahrung und dem darauffolgenden Gefühl treffen wir unsere Bewertung. War das schön für mich? Mache ich das beim nächsten Mal genauso? Vielleicht wollen Sie in dieselbe Situation nicht noch mal kommen. Je nach Bewertung werden Sie entscheiden, ob die Erfahrung gut oder schlecht war. Man macht sich Gedanken darüber, was passiert ist, wie es dazu kam und wie man sich gefühlt hat, was dann wieder zu einem entsprechenden Verhalten führt. All das tun wir in Sekundenschnelle jeden Tag unseres Lebens.

Fassen wir noch mal zusammen. Sie nehmen bewusst etwas über die 5 Sinne wahr. Sie machen Ihre Erfahrungen, und ein entsprechendes Gefühl wird sich in Ihrem Körper melden. Sie bewerten das auf Ihre Weise als gutes oder schlechtes Erlebnis. Dann machen Sie sich Ihre Gedanken dazu, die zu Worten oder Sätzen und am Ende zu einem bestimmten Verhalten werden. Je öfter ein Verhalten auf Grundlage der Prägungen und Programme für richtig befunden wird, desto eher entstehen daraus Glaubenssätze. Jetzt machen wir das mal an einem Beispiel fest. Ein Kind liebt Blumen und riecht gerne dran. Es schneidet sich jetzt vermehrt an einer Rose. Die Wunde schmerzt, blutet und entzündet sich. Folglich kann es sein, dass dieses Kind von nun an Rosen meidet und vielleicht sogar den Glaubenssatz „Rosen sind gefährlich" abspeichert.

Das einzige Problem, das jetzt entsteht, ist, dass Glauben nicht mit Wissen gleichzusetzen ist. Auch wenn wir des Öfteren davon ausgehen. Ich habe es ja gesehen, gehört im Fernsehen oder noch besser von der Nachbarin. Vorsicht, nicht alles, was Sie am Tag hören oder sehen, entspricht auch der Wahrheit. Vor allem nicht, wenn es aus dem Radio, Fernsehen kommt oder an einer Plakatwand steht. Es gibt eine gewisse Zeitspanne beim Fernsehen, bei der wir vom bewussten Sehen auf Automatik umschalten. Alles, was nach diesem Zeitpunkt aufgenommen wird, geht ohne Überprüfung in Ihren Verstand über und wird gespeichert. Diese Informationen fliegen praktisch unter dem Radar durch und verstecken sich in den eigenen Reihen.

Es gibt Hunderte von Slogans und Informationen, die nur oft genug wiederholt werden müssen, um als Glaubenssatz bei Ihnen abgespeichert zu werden. Die perfekte Manipulation für jeden von uns. Redewendungen gehören übrigens auch dazu:

- Reden ist Silber, Schweigen ist Gold.
- Ein Spatz in der Hand ist besser als die Taube auf dem Dach.
- Ein Indianer kennt keinen Schmerz.
- Ein alter Hund lernt keine neuen Tricks.

Man denkt, es seien nur Sprichwörter, aber überprüfen Sie mal, was sie wortwörtlich bedeuten. Ganz genau: Man speichert nämlich eine falsche Botschaft ab. Für mich heißt „Reden ist Silber, Schweigen ist Gold." so viel wie: „Schön, dass Du was sagst, aber besser Du bist still." Das will doch keiner freiwillig als Glaubenssatz haben, oder? Denn Sie müssen wissen, Glaubenssätze wirken den ganzen Tag über. Denken Sie da mal drüber nach.

Die Grundregeln kennen Sie jetzt. Aber wie werden die jetzt verändert? Sie können sich ihrer bewusst werden, indem Sie sich darüber klar werden, dass Sie nicht alles sofort bewerten müssen. Treten Sie einen Schritt zurück und beobachten Sie Ihre Gedanken. Wie bewerten Sie diesen Input wirklich? Wollen Sie so darauf reagieren?

Ich habe versucht, die Situationen und mein Verhalten darauf objektiv zu bewerten. So beurteile ich manche Dinge gut oder eben schlecht. Ihre Gedanken werden überprüft und diese Gedanken sowie der eigene Willen steuern die Absicht Ihrer Prägungen, um Programme zu ändern. Was folglich auch Ihre Glaubenssätze überschreibt oder sie sogar komplett löscht. Es ist ein stetiger Prozess und es ist anstrengend. Also machen Sie das nicht den ganzen Tag. „Reden ist Silber, Schweigen ist Gold. Das ist falsch." So funktioniert die bewusste Selbstreflexion, zumindest funktioniert sie so für mich.

Es ist, als ob man einen Holzblock vor sich hätte und eine Eule schnitzen sollte. Wie macht man das? – Man schnitzt alles weg, was nicht nach Eule aussieht. Das ist also ein Weg, den Sie gehen können, wenn Sie das auch möchten. Lassen Sie sich jetzt erst mal Zeit und denken Sie darüber nach, ob Sie das wirklich so machen wollen.

Beurteilungen – Eine Frage der Schwingung

Gehen wir jetzt mal genauer darauf ein, was wir nach den Beurteilungen abspeichern. Wörter und Sätze sind generell positiv beziehungsweise negativ belegt. Jemand, der sich an einer Rose gestochen hat, worauf eine Blutvergiftung folgt, wird mit dem Wort Rose eher etwas Negatives verbinden. Es kommt darauf an, welche Erfahrungen wir mit den entsprechenden Wörtern und Sätzen gemacht und welche Bedeutung wir damit verknüpft haben. Hier kommen ein paar Beispiele. Sprechen Sie die Wörter laut aus und fühlen Sie mal, welche Schwingungen von den Wörtern ausgehen.

Positive Wörter: ehrlich, ausgeglichen, verständnisvoll, liebevoll, fürsorglich. Du bist das Beste, was mir passieren kann. Du bist wertvoll und einzigartig. Ich liebe Dich.

Negative Wörter: Lügner, Verrat, Krieg, verschlagen, giftig, Angeber, Loser. Von Dir lass ich mir nichts sagen. Du bist ein Betrüger. Ich hasse und verachte Dich.

Was fühlt sich für Sie besser an? Die positiven Wörter, oder? Alles, was wir tun, sagen, hören, denken und fühlen, hat eine solche Schwingung. Diese Schwingungen können Sie fühlen. Positive Energien lassen uns wachsen. Wir blühen auf, sind im Fluss, haben gute Laune. Diese Energie ist leicht und erfüllt uns mit Lebensfreude und Kraft. Bei negativen Energien sieht das ganz anders aus. Sie sind schwer, machen träge, ziehen uns runter. Sie machen uns lustlos, müde und depressiv.

Was Sie über diese Energien wissen müssen, ist, dass Sie genau das bekommen, was Sie auch aussenden. Ich gehörte am Anfang eher zu den Pessimisten. Wenn man allerdings die ganze Zeit denkt: „Das wird nichts. Ich kann das nicht." Dann wird man auch genau das bekommen. Diese Einstellung muss aber nicht so bleiben.

Seien wir ehrlich, ein Wechsel zum positiven Denken geschieht nicht von einem Tag auf den anderen, aber Hauptsache, man fängt an. Mein Körper strotzte vor Negativität, was auch sonst mitten in einer Depression? Wenn Sie bemerken, dass etwas Schweres in Ihnen hochkommt, gehen Sie mit Ihrer Aufmerksamkeit dorthin und sagen Sie: „Danke". Ich weiß, wie verrückt sich das anhört. Man bekommt einen Kloß im Hals und dann soll man sich noch bedanken? Aber genau das können Sie tun. Denn durch das „Danke" wird diese Energie in etwas Positives umgewandelt. Versuchen Sie es selbst und bilden Sie sich dann Ihre Meinung.

Emotionen

Es gibt viele Emotionen, gute wie auch schlechte. Mir sind manche dieser Gefühle in der Depression abhandengekommen. Zumindest fühlt es sich so an, als wäre ich gefühlskalt. Gefühle kann man auch wieder aufleben lassen, wenn man sie braucht, vor allem die guten wie Freude und Liebe. Es gibt öfter mal schwarze Tage, wo man in ein tiefes Loch fällt oder der Tag durchweg für schlechte Laune sorgt. Da ist es immer gut zu wissen, wie man Gefühle hochholt, um wieder eine positive Stimmung zu bekommen.

Jeder von uns hat Erfahrungen und Erinnerungen gesammelt, die wunderschön, lustig oder voller Lebensfreude sind. Von denen können Sie jetzt profitieren. Setzen Sie sich bequem hin, schließen Sie die Augen und denken Sie zurück an ein freudiges oder lustiges Ereignis. Stellen Sie es sich so detailgetreu wie möglich vor. Wer war dabei? Was haben Sie gehört? Konnten Sie etwas riechen? Wie hat es sich angefühlt? Können Sie sich an Details erinnern? Ob es sich um eine jetzige Situation handelt oder eine 30 Jahre alte Erinnerung, das macht für ihr Gehirn keinen Unterschied. Daher werden auch dieselben Hormone ausgeschüttet. Also bleiben Sie lieber bei den guten Situationen, schwelgen Sie in ihrer Emotion und nehmen Sie sie mit in Ihren Alltag.

Ich habe mir aus diesem Grund eine Erinnerungsbox gemacht mit der Strickjacke meiner Oma, die mich in ein heimeliges, geborgenes Wohlbefinden hüllt, einem Parfum und einer Kette, und ich denke, es werden noch weitere Objekte der Erinnerung kommen. Schauen Sie mal nach, ob Sie noch Erinnerungsstücke haben. Sie können dabei helfen die entsprechende Emotion abzurufen.

Gefühle sind auch Schwingungen beziehungsweise Energien. Sie sind etwas ganz Natürliches. Sie spiegeln Ihre Seele wider, und jedes Gefühl ist somit richtig und wichtig. Es gibt keinen falschen Zeitpunkt, nichts, was Sie verstecken oder – noch schlimmer – unterdrücken müssen. Kennen Sie den Spruch: „Schluck es runter?" Lassen Sie den am besten in Flammen aufgehen. Gefühle wollen und sollen gespürt werden. Sie sind schließlich kein Roboter. Ich gehe sogar fest davon aus, dass unterdrückter Zorn, Wut und Neid einen krank machen können. Leben Sie bitte Ihre Gefühle aus. Sie sind immer richtig und halten auch Überraschungen bereit. Sie zeigen uns sogar Zuneigung, die wir nicht erwartet haben. Sie sind der Kompass der eigenen Überzeugungen und Wünsche. Was soll daran schlecht sein?

Wahr oder Falsch

Wie ich schon sagte, gab es gerade in der akuten Phase ziemlich düstere Tage bei mir. Es waren Tage, an denen ich mich total nutzlos fühlte. Wofür sollte ich aufstehen? Ich war ein Nichts. Nicht der Mühe wert, sich zu waschen oder gar anzuziehen. Ich fühlte mich leer und wertlos. An solchen Tagen will man nur die Rollläden runterlassen und sich verkriechen. Habe ich überhaupt eine Berechtigung, in der Klinik zu sein? Vielleicht nehme ich jemandem den Platz weg, der es mehr verdient, hier zu sein, als ich. Ich denke, Sie verstehen, wie sehr ich mich gering schätzte. Es gab dann bei mir viele negative Glaubenssätze und Gedanken, die ich ständig wiederholte. Das heißt aber nicht, dass diese Sätze auch stimmen mussten. Also fing ich an, die Sätze auf ihre Wahrheit hin zu überprüfen. Hier ein paar Beispiele an Argumentationen, die ich mit mir selbst führte, um so meine Gedanken und Glaubenssätze zu widerlegen. Vielleicht trifft der ein oder andere Gedanke auch auf Sie zu.

Ich bin nutzlos – Falsch!

Es gibt immer etwas, das man tun oder erledigen kann, egal, ob man die Spülmaschine einräumt, für jemanden Einkäufe erledigt, den Rasen mäht, Müll rausbringt, mit dem Hund Gassi geht oder den Abfluss reinigt. Irgendetwas kann jeder. Jeder hat einen Nutzen. Schreiben Sie doch mal auf, was Sie alles können, selbst wenn es Socken stopfen ist. Was für Aufgaben können Sie erledigen? Was für Fähigkeiten oder Fertigkeiten haben Sie? Vielleicht machen Sie ein Motivationsglas davon. Dann können Sie sich mit einem Blick davon überzeugen, dass Sie eben nicht nutzlos sind.

Ich bin ein Taugenichts. Ich tauge zu nichts. – Ist auch falsch.

Laut Definition taugt man etwas, wenn man einen bestimmten Zweck oder eine besondere Aufgabe nicht erfüllen kann, zum Beispiel wenn man mit dem Stift nicht mehr schreiben kann. Der taugt dann nichts mehr. Auf welche Aufgabe oder welchen Zweck soll sich dieser Satz stützen? Geht es hier vielleicht eher um eine allgemeine Nutzlosigkeit? Dann lesen Sie noch mal unter: „Ich bin nutzlos.". Sollten Sie besondere Fähigkeiten haben, einen Job oder Aufgaben erfüllen, können diese Sätze nur falsch sein. Oder aber Sie haben sich noch nie in allem ausprobiert. Vielleicht haben Sie Ihren Sinn und Zweck noch gar nicht gefunden.

Das habe ich mir noch nicht verdient. Das habe ich mir noch nicht erarbeitet.

Viele von uns sind in dem Glauben groß geworden, nur etwas zu verdienen, wenn sie auch etwas dafür getan haben. Mir fällt da spontan meine eigene Tochter ein. Sie hatte einmal eine schlechte Arbeit geschrieben und traute sich beinahe nicht, mir die zu zeigen. Sie sagte, sie hätte Angst davor, weil ich sie dann vielleicht weniger lieb haben würde. Ich hatte nun wirklich nicht beabsichtigt, ihr diese Denkweise beizubringen. Ich hatte extra darauf geachtet, dieses Aufgabe-Belohnungs-System in meiner Erziehung nicht anzuwenden, weil ich genau das befürchtet hatte. Sie machte meine Liebe zu ihr von einer erbrachten Leistung abhängig. Ich sagte ihr, dass jeder mal einen schlechten Tag habe, und schärfte ihr ein, dass meine Liebe zu ihr durch nichts, was sie tue, geschmälert werden könne.

Aber genau das ist der Grund, wieso wir denken, etwas nicht verdient zu haben. Weil wir in dem Glauben groß geworden sind, immer etwas dafür tun zu müssen. Als Folge führt dies im Alter dazu, dass man nur das Gefühl hat, geliebt zu werden, wenn bestimmte Bedingungen vorher erfüllt werden. Liebe sollte aber nie an Bedingungen geknüpft sein. Echte Liebe, wie die zu unseren Kindern, sollte nur eins sein – bedingungslos. Und genau so sollten wir auch mit uns selbst umgehen. Auch wenn uns das so nicht beigebracht wurde. Lieben Sie sich bedingungslos, ohne Wenn und Aber! Es ist nie zu spät, das noch zu lernen. Das ist die einzige Liebe, die man geben sollte ohne irgendwelche Voraussetzungen, unabhängig davon, ob eine Person etwas für einen tut oder nicht. Genau so sollten wir uns selbst lieben, mit Stärken und Schwächen, sowohl mit unseren Fähigkeiten als auch mit unseren Marotten. Das ist es, was jeden von uns einzigartig macht, und das ist gut so.

An mir ist nichts schön – Das wollen wir doch erst mal sehen.
Seien wir ehrlich, wir selbst sind unsere größten Kritiker, wenn es um Schönheit geht. Wir finden immer etwas an uns, das wir hässlich finden. Schönheit ist aber relativ. Es gibt keine festgeschriebenen Bezugsgrößen darüber, was schön ist und was nicht.
Dabei fand David Hume einmal ganz richtig: „Die Schönheit der Dinge lebt in der Seele dessen, der sie betrachtet!"

Schönheit ist wie ein Gemälde an der Wand. Es kommt immer darauf an, wer es sich gerade anschaut. Nehmen Sie sich einmal Zeit und betrachten sich selbst im Spiegel. Gibt es wirklich keinen einzigen Teil an Ihnen, den Sie mögen? Wohl kaum. Vielleicht haben Sie hübsche Füße oder Waden. Wie steht es mit Ihren Augen, dem Mund, Ihrem Lächeln, den Händen? Lassen Sie sich Zeit und nehmen Sie sich mal bewusst in Augenschein. Und bedenken Sie stets: Schönheit liegt immer im Auge des Betrachters. Vielleicht sollten Sie mal dem Urteil anderer Gehör schenken.

Ganz davon abgesehen, dass Schönheit nicht definiert werden kann, gibt es in unserer Gesellschaft Schönheitsideale, die uns vorgelebt werden. Was die Werbung und der Laufsteg meistens vergessen, ist die innere Schönheit. Charisma, eine gewisse Ausstrahlung, die nicht auf körperlichen Merkmalen beruht. Auch das kann schön sein.

Das steht jedem zu, aber nicht mir.
Wenn es jedem zusteht, dann auch Ihnen, denn Sie sind Teil der Masse. Und für jeden im Land gibt es dieselben Regeln und Statuten. Also haben auch Sie, wie jeder andere auch, ein Anrecht auf dieselben Möglichkeiten.

MÄNNERGRILLEN geschrieben am 06.07.2023 von Anke Vuge

Selbst wenn der erste Schnee gekommen,
wird die Grillzange zur Hand genommen.
Doch heute ist ein schöner Tag,
deswegen mein Mann grillen mag.

Gut vorbereitet und dicht an dicht,
er professionell die Kohlen schicht.
Grill angezündet, der Wind ist hart.
Die Glut nur langsam brennen mag.

Im Grill züngelt endlich ein kleines Feuer,
kurz rumgeflucht, Grillfleisch ist zu teuer.
Aufgedeckt mit vielen leckeren Soßen,
schmieren es die Kinder an die Hosen.

Die Augen groß, das Steak ist's auch,
landet klein geschnitten in dem Bauch.
Eins der Mädchen hechelt wie ein Hund,
ausgespuckt, scharfe Marinade am Kindermund.

Milch wird in großen Schlucken schnell getrunken,
Kind nickt zufrieden, Krise überwunden.
Großes Bierchen für den lieben Mann.
Alle gesättigt, er auch essen kann.

Voll sind die Bäuche, gespannt wie ein Reifen,
nun am Tisch werden sie gestreichelt.
Ja, heute war wirklich ein gelungener Tag,
mal sehen, wann mein Mann wieder grillen mag.

Die Große Leere

Es ist kein schönes Thema, aber ich muss es trotzdem irgendwann erwähnen, weil es nun mal auch ein Hindernis ist, dem ich begegnet bin. Die Leere, die ich spürte, war grausam. Eine gefühlte Trostlosigkeit, die gleichgültig alle Emotionen verschlingt. Nichts ist mehr wichtig, keine Freude, kein Lachen, auch nicht nach einem guten Witz. Alles ist schwarz im Inneren. Eine Leere, die alles verschlungen hat und uns nur als Hülle zurücklässt. Ich habe eine ganze Zeit lang nicht gewusst, wie ich darauf reagieren sollte, und habe mich schließlich an Sprichwörter erinnert: Das, was man aussendet, kommt auch wieder zu einem zurück. Oder auch: Man erntet, was man sät.

Ich wollte wieder etwas empfinden, egal was. Zorn, Wut, Freude, es wäre mir egal gewesen. Nur irgendetwas, das mir zeigte: Du kannst noch fühlen. Also begann ich nicht bei mir, sondern bei meinen Mitpatienten. Ich verwendete meine Zeit dafür, einige von ihnen glücklich zu machen. Ich hörte ihnen zu, machte ihnen eine kleine Freude. Ich habe in der Klinik viel Selbstgemachtes und leckeren Kuchen verteilt. Einfach als Aufmerksamkeit, zur Aufheiterung ein leckeres Eis. Manches Mal brachte ich für jemanden etwas vom Einkaufen mit, weil derjenige nicht in der Lage war, lange Strecken zu gehen. Und je mehr ich mich um die anderen kümmerte, desto mehr merkte ich, wie sehr es mir Freude bereitete, für andere zu sorgen. Ich empfand es als tröstend, dass ich etwas für andere tun konnte, und wärmte mich an der Freude, die sie empfanden, wenn ich etwas für sie tat.

Langsam, aber stetig begann ich, wieder etwas zu empfinden. Ich bemerkte, dass ich wieder Witze machen konnte. Und ich konnte wieder ab und an lachen. Mir sagt man öfter nach, dass ich eine ansteckende Lache hätte, und ich war froh, als ich Monate später wieder diese Lache bei mir hören konnte. Es braucht

Zeit und Geduld, sich aus dieser Leere wieder herauszuziehen. Sie können es aber schaffen. Wenn Sie also nicht mehr in der Lage sind, der Trostlosigkeit der Leere zu entfliehen, suchen Sie einen Arzt, Heilpraktiker, Psychiater oder Therapeuten ihres Vertrauens auf. Mit der Leere ist nicht zu spaßen, und sie ist ein sicheres Zeichen für echte Probleme. Es ist jetzt an Ihnen einzuschreiten.

Das Positive

Ich habe jetzt so viel über die Schwärze der Leere gesprochen, da will ich auch erwähnen, wie man sich mit etwas Positivem füllen kann. Es wird noch vieles über negative Aspekte geben, aber es gibt auch Positives, das Sie für sich nutzen können. Zum Beispiel positive Emotionen und Gedanken. Jeder weiß, dass man Gefühle runterschlucken kann. Es gibt aber auch Gefühle, die wir einfach nicht gefühlt haben, weil wir sie nicht angenommen haben. Gefühle wie Liebe, Stolz oder Freude werden oftmals verdrängt, weil man nicht in der Lage ist, sie zuzulassen oder anzunehmen. Diese Gefühle aus der Vergangenheit sind aber nicht verloren. Sie warten nur darauf, gefühlt zu werden und lassen sich noch im Nachhinein integrieren. Versuchen Sie es! Sagen Sie laut: „Ich integriere Liebe.", und fühlen Sie mal in sich hinein.

Bei Gedanken und Glaubenssätzen sagen Sie zum Beispiel: „Ich mag mich, so wie ich bin. Das akzeptiere ich." So können Sie jeden positiven Aspekt von sich integrieren und akzeptieren, damit sich das Gefühl beziehungsweise der Glaubenssatz verstärkt.

Denken Sie aber daran, dass Ihr Körper dabei mitarbeitet. Emotionen haben ja schließlich auch körperliche Symptome. Überfordern Sie sich also nicht und lassen Sie sich Zeit.

Die innere Stimme

Wie finde ich sie?

Wie ich schon erwähnte, höre ich Stimmen. Sowohl welche, die zur mir gehören, als auch mir völlig fremde. Da ich früher auch in Gesprächen gerne und oft von ihnen unterbrochen wurde, kam ich oft in den Konflikt, nicht zu wissen, wem ich jetzt zuhören sollte. Deshalb unterhielt ich mich mit den Stimmen und vereinbarte, mir morgens und abends Sprechzeiten einzurichten, wo jede Stimme etwas sagen konnte, wenn sie das wollte. Viele Aspekte von mir hatten etwas zu sagen, sei es der innere Kritiker oder das innere Kind. Ich erfuhr so aber auch immer mehr über mich selbst und vor allem über meine wirklichen Probleme im Alltag. Ich hörte mir geduldig meine Probleme an und fand meist auch Kompromisse, mit denen beide Seiten einverstanden waren. Manche meiner Stimmen sind durch dieses Prozedere verschwunden. Ich schätze, sie sind mittlerweile ein Teil von mir und müssen so nicht mehr separat sprechen.

Vieles, was ich hier schreibe, besonders, wenn es um Transformation geht, ist durch meine Gespräche mit der inneren Stimme entstanden.

Die innere Stimme zu finden, ist kein Kinderspiel. Es ist eine Stimme, die tief in jedem von uns zu finden ist. Um sie zu finden, muss man alle anderen Stimmen in sich identifizieren können. Denn neben der inneren Stimme gibt es unsere eigene gedankliche Stimme, unsere Anteile, der innere Kritiker, die Kämpferin, das innere Kind und viele mehr. Sogar den eigenen Schweinehund. Auch die Intuition, das Bauchgefühl, ist nicht die innere Stimme. Um das zu unterscheiden lernen, muss man seine Gedanken beobachten. Gehen Sie in die Stille und hören Sie, welche Gedanken kommen. Gerade am Anfang wird vieles auf Sie einströmen. Habe ich die Tür abgeschlossen? Die reden jetzt bestimmt über mich. Ob der mich wohl leiden kann? Soll ich anbieten, ihm zu helfen? Es werden wie gesagt viele unterschiedliche Themen sein, sei es Familie, Freunde oder die Arbeit.

Ich hörte mir in Ruhe die einzelnen Themen an und entschied gedanklich, ob die Themen Quatsch oder richtig waren. Je mehr ich den einzelnen Themen antwortete, desto weniger wurden es. Bis irgendwann nichts mehr kam und es völlig still in mir war.

Je mehr ich mich mit meinen Gedanken beschäftigte, desto eher bekam ich ein Gefühl dafür, was die innere Stimme ist. Denn sie ist immer positiv, unterstützend, aufmunternd, friedvoll, ehrlich, urteilt und bewertet nicht, macht sogar ungeahnte Vorschläge oder hat Ideen.

Jeder hat eine solche innere Stimme, wir beachten sie nur oft nicht. Deshalb: Gehen Sie in die Stille und fragen Sie einfach einmal nach Ihrer inneren Stimme. Vielleicht meldet sie sich bei Ihnen genauso, wie sie sich bei mir gemeldet hat. Sie ist mittlerweile mein Wegweiser geworden, und so habe ich viele meiner Prägungen und falschen Glaubenssätze finden und bearbeiten können.

Stressbewältigung

Stressarten und entstressen

Um dauerhaft Stress vorzubeugen, muss man verstehen, wie Stress überhaupt entsteht. Ich bin kein Psychiater und habe auch keine Ausbildung in der Richtung, aber ich kenne mich sehr gut mit meiner eigenen Gefühlswelt aus. Ich hatte eine Phase, in der ich mich sehr oft hinterfragte, und habe so meine eigenen Stressoren gut ausmachen können. Gerade in meiner Psychose-Zeit hatte ich Kontakt zu Ängsten, die man niemandem wünscht. Folgende Arten habe ich identifizieren und für mich selbst definieren können. Jede Ursache hat auch ihre Wirkung und diese Wirkung nennen wir Stress.

1. Die Angst vor dem Ungewissen führt zur Furcht.
2. Die Euphorie endet in der Manie.
3. Die Angst vor Erwartungen erzeugt die Nervosität.
4. Die Beunruhigung endet in einem Schaudern.
5. Angst vor einem Weltuntergang führt zur Hysterie/Wahn.
6. Die Angst um sein Leben erzeugt Panik.
7. Die Aussicht auf einen möglichen Erfolg oder ein schönes Ereignis wird zur Vorfreude.

Immer, wenn Sie Stress haben, lesen Sie sich diese Liste einmal durch. Ich denke, Sie werden dadurch schnell die Ursache für Ihren Stress ausmachen können. Durch was genau erzeuge ich meinen Stress? Habe ich Angst vor dem Zahnarzt, weil ich nicht weiß, was er mit mir anstellen wird? Dann sprechen Sie mal Ihre Bedenken laut aus wie bei einer Beichte und beenden den Satz mit: „Ich nehme das zur Kenntnis." Haben Sie Angst vor einem Meeting oder Bewerbungsgespräch, weil Sie glauben, die Erwartungen nicht erfüllen zu können? Dann machen Sie sich das bewusst. Sagen Sie es laut und nehmen Sie die Angst zur Kenntnis, damit sich der Stress auflösen und Sie ‚entstresst' ins Meeting gehen können. Bei mir hat das auf jeden Fall funktioniert. Vielleicht ja auch bei Ihnen.

Innere Unruhe

Jeder hat sie mal, die innere Unruhe. Aber wissen Sie auch, wie diese entsteht? Ich habe mich selbst beobachtet und festgestellt, dass ich unruhig werde, wenn ich irgendetwas aus dem Weg gehe. Die Steuererklärung ist ein gutes Beispiel dafür. Wer will die schon freiwillig machen? Also schiebt man solche Dinge gerne vor sich her. Ein chronisches Aufschieben von Dingen wird übrigens Prokrastination genannt. Ich schiebe ständig etwas vor mir her. Ein Telefongespräch, das ich nicht führen will, ein Zahnarzttermin, den ich doch lieber vertage oder noch besser gleich komplett absage. Egal, ob Sie etwas aus dem Weg gehen oder es komplett verweigern, es wartet auf Sie. Das sind die Situationen, in denen sich bei mir die innere Unruhe meldet.

Ganz nach dem Motto „Gefahr erkannt, Gefahr gebannt" spreche ich mein Problem laut aus und nehme es zur Kenntnis. Ich sage zum Beispiel: „Ich habe Angst, einen Therapeuten anzurufen. Ich nehme das zur Kenntnis." Ich habe festgestellt, dass sich die Unruhe und Hektik dann langsam legen und später komplett auflösen.

Das eigentliche Problem liegt aber oft bei der Tatsache, dass man unter Umständen gar nicht mehr weiß, welcher Grund beziehungsweise Umstand dazu geführt hat, dass man unruhig ist. In dem Fall sagen Sie: „Ich bin unruhig und nehme das zur Kenntnis." Oder Sie gehören zu den Glücklichen, die solche verhassten Situationen in einer To-do-Liste sammeln. In dem Fall dürfte der Übeltäter schnell dingfest gemacht werden.

Kurze Warnung an dieser Stelle! Wenn es sich um mehrere Situationen handelt, lösen Sie nicht zu viele auf einmal. Das kann nämlich unter Umständen geistig als auch körperlich überfordern.

Im Zwiespalt

Innerliche Aufregung kann aber auch entstehen, wenn man mit sich selbst uneins ist. Vielleicht sind Sie auf eine Feier eingeladen, sind sich aber nicht sicher, ob Sie da auch hingehen wollen, weil Sie von dieser Person noch nie eingeladen worden sind und es Ihnen irgendwie unangenehm ist. Sie können aber auch neue Bekanntschaften schließen. Der Abend wird vielleicht lustig und doch ganz interessant. Es ist eine Situation, in der Sie sich nicht im Klaren darüber sind, was Sie genau tun sollen. Hingehen oder absagen? Sie finden für beides passende Argumente. Aber für was wollen Sie sich jetzt entscheiden? Bevor Sie jetzt mehrere Runden Gedankenkarussell fahren und doch nicht ans Ziel kommen, versuchen Sie es lieber mit dem Zwei-Stühle-Test.

Stellen Sie sich zwei Stühle hin. Stellen Sie sich vor, der erste Stuhl steht für das Hingehen. Schauen Sie den Stuhl an und gehen Sie alle Pros und Kontras durch, die Ihnen einfallen, sollten Sie zur Feier gehen. Dasselbe machen Sie dann mit dem anderen Stuhl. Sehen Sie ihn an und übertragen Sie alle Pros und Kontras zum Thema Absagen. Wenn Sie damit fertig sind, setzen Sie sich auf den ersten Stuhl. Wie fühlt es sich an, auf dem Hingehen-Stuhl zu sitzen? Ist es angenehm? Fühlen Sie sich gut? Oder doch eher unwohl? Danach probieren Sie den zweiten Stuhl und fühlen sich hinein. Ist er unangenehm für Sie? Werden Sie unruhig? Oder sind sie ganz entspannt und gelassen?

Ihr Bauchgefühl wird Ihnen sagen können, welche Entscheidung Sie treffen sollen. Mithilfe der Stühle werden Sie herausfinden können, was für Sie angenehmer ist. Wenn Sie also im Zwiespalt sind, versuchen Sie es einfach mit dem Zwei-Stuhl-Test.

Stress kurzfristig loswerden

Ablenkung ist mein Freund. Egal, wie die Ablenkung aussehen mag: eine Tasse Kaffee mit dem Nachbarn, einen Film schauen oder sogar ein Besuch mit meinem Mann im Baumarkt. Jede Ablenkung kann manchmal hilfreich sein. Ich hätte nicht gedacht, dass ich das jemals so sagen würde, aber sie hilft, dem eigenen Gedankenkarussell Einhalt zu gebieten. Manchmal wird man einfach nicht ruhig, dann bietet dieser Umstand eine gute Gelegenheit, sich abzulenken. Man kann sich natürlich auch gut zureden in Form eines Selbstgesprächs oder indem man einen guten Freund anruft. Das hilft bei mir nur nicht immer
Ein Hobby, das die Konzentration fördert, wäre gut. Meins war einmal Lesen. Allerdings konnte ich das bei den ständigen Zwischenrufen erst mal vergessen. Manch einer puzzelt gerne, macht Sudoku oder malt Mandalas aus. Egal, was es ist, finden Sie etwas, das Sie handwerklich begeistert. Ich schreibe und dichte gern, deswegen habe ich es mir gegönnt, Sie mit ein paar Gedichten zu beglücken. Vielleicht bekommen Sie so eine Vorstellung davon, wie ich meinen Alltag bestreite. Sie können auch eine alte Freundschaft wieder aufleben lassen. Bei einem längeren Telefongespräch kommt man schnell auf bessere Gedanken.

Manchmal hilft aber auch nur abreagieren. Boxen Sie eine Runde ins Kissen, stampfen Sie kräftig auf den Boden, hechten Sie die Treppe hoch, rennen Sie einmal um den Block, singen und tanzen Sie laut zu Ihrer Lieblingsmusik. Finden Sie etwas, das sie schnell auspowert. Gerade wenn ich heftig unter Spannung stehe, ist manchmal eine Runde Schreien die richtige Option für mich. Ich habe schon einiges ausprobiert, und kleine Dinge können kurzfristig auch funktionieren. Wie wäre es mit einem Stressball, der ordentlich gequetscht werden kann. Wie wäre es mit Knete oder kinetischem Sand? Es gibt viele kleine Spielereien zu kaufen, die kurzfristig den Stress abbauen können. Testen Sie einfach, worauf Sie am besten reagieren.

Lächeln

Ein gelungener Start in den Tag fängt mit dem ersten Lächeln im Spiegel an. Lächeln Sie sich bewusst an. Vielleicht haben Sie sogar eine schöne Affirmation am Spiegel kleben, die Sie als Routine aufgeschrieben haben. Lächeln ist gesund, denn dabei wird eine besondere Muskelgruppe im Gesicht bewegt, die das Signal ans Gehirn sendet, dass Sie gerade glücklich sind. Und dabei spielt es keine Rolle, ob es ein echtes oder ein vorgetäuschtes Lächeln ist. Sie müssen nur ihr Lächeln 90 Sekunden lang halten, und ihr Gehirn schüttet Glückshormone, sogenannte Endorphine, aus. Noch besser wäre natürlich ein herzhaftes Lachen, aber Lächeln kann man halt immer. Und wenn Sie das noch beim Spazierengehen praktizieren, haben die Menschen, die Ihnen entgegenkommen, auch noch etwas davon. Wer wird nicht gerne angelächelt.

Ein etwas anderes Mittel, das auch jede Menge guter Hormone ausschüttet, will ich an dieser Stelle auch erwähnen. Die Selbstbefriedigung und Sex können Sie auch glücklich machen. Sei es allein oder zu zweit, der körperliche Akt ist lohnenswert und macht nachweislich glücklicher und zufriedener. Das ist doch eine Überlegung wert, oder?

Natürliche Stimmungsaufheller

Dunkle Schokolade kann die Stimmung heben. Vor allem, wenn sie einen Kakaoanteil von 85 % hat. Schokolade wirkt wie eine Belohnung für das Gehirn. Das Gerücht ist zwar weit verbreitet, aber Serotonin gibt es in der Schokolade nicht. Allerdings steckt in der bitteren Versuchung Tryptophan, welches beim Abbau im Körper in stimmungsaufhellendes Serotonin umgewandelt wird. Also ist auch Schokolade in der Lage, Ihr Stressniveau zu senken. Es gibt also viele gute Gründe, seine Stimmung mit dunkler Schokolade aufzuhellen. Ich greife darauf leider noch zu viel zurück.

Dass Schokolade die Stimmung aufhellt, ist den meisten bekannt, aber Honig wirkt ebenfalls antidepressiv. Honig ist antibakteriell und wirkt im Körper entzündungshemmend. Noch interessanter ist allerdings, dass er Energie liefert, die einem in der Depression oft fehlt. Außerdem liefert er dem Körper Baustoffe, die für die Produktion der Glückshormone Serotonin und Endorphin benötigt werden.

Hier ein kleines Rezept. Dazu erwärmen Sie eine Tasse Mandelmilch (250 ml) und rühren zwei Esslöffel Honig (50 g) hinein. Wer mag, kann gerne noch etwas Zimt hinzufügen. Eine noch bessere Variante ist die „Goldene Milch". Gerade im Winter wärmt sie einen von innen richtig auf. Man fühlt sich aufgewärmt und geborgen. Dafür erwärmt man 300 ml Pflanzenmilch und rührt 1 EL Kurkuma ein. Dann folgen noch ¼ TL Ingwerpulver, ¼ TL Zimt, ¼ TL frisch gemahlener Pfeffer und eine Messerspitze Muskat. Gesüßt wird mit 1 TL Honig. Das alles kommt jetzt in eine große Tasse und dazu ein ½ TL Kokosöl, damit die Inhaltsstoffe gut vom Körper verwertet werden. Einfach lecker.

Einen weiteren Stimmungsaufheller habe ich in Gänseblümchen gefunden. Egal, ob als Tee getrunken oder frisch gepflückt aus dem heimischen, ungespritzten Rasen. Das Gänseblümchen hat ebenfalls die Gabe, uns etwas glücklicher zu machen.

Transformation

Als Transformation bezeichnet man einen Wandel, Wechsel, eine Umformung von einer Bewusstseinsstufe zu einer höheren. Ich beschreibe hier Techniken, die bei mir funktioniert und mich zum Umdenken gebracht haben. Es sind Werkzeuge, bei denen Sie selbst Hand anlegen können, wenn Sie das wollen. Sie selbst sind Ihres eigenen Glückes Schmied. Wie weit Sie dabei gehen, müssen Sie selbst entscheiden. Bitte bedenken Sie immer dabei, dass alles, was Sie tun, auch psychische und körperliche Folgen haben kann. Also werden Sie bitte nicht übermütig, und gehen Sie mit Bedacht und Geduld ans Werk. Überfordern Sie sich nicht.

Loslassen von Altem

Manche Erinnerungen und Gefühle hängen einem sehr lange nach oder man kommt gar nicht davon los. Sei es die Auseinandersetzung mit einem geliebten Menschen oder die Wut auf sich selbst in einer bestimmten Situation. Es sind Situationen, die schon längst in der Vergangenheit liegen und doch immer wieder an die Oberfläche treiben. Wollen Sie so etwas Ihr ganzes Leben lang mitschleppen? Sicher nicht. Es gibt verschieden Methoden, Altes loszulassen. Hier sind die, die ich verwende. Und dabei ist es egal, ob sie sie visualisieren oder in der Praxis vollziehen. Traumatische Erlebnisse sollten Sie allerdings nie ohne entsprechende Hilfe loslassen. Machen Sie das bitte nur im Beisein ihres Psychiaters, Psychologen oder Therapeuten, der Sie dann auch entsprechend auffangen kann.

Methode 1: Füllen Sie einen Luftballon mit Helium und schreiben Sie darauf, welches Gefühl Sie loslassen wollen, zum Beispiel: Ärger auf mich selbst. Binden Sie eine Schnur um den Ballon und stellen Sie sich draußen auf eine freie Fläche. Jetzt stellen

Sie sich diese Situation noch einmal vor und lassen, wenn Sie so weit sind, den Ballon steigen.

Methode 2: Nehmen Sie sich einen Stein und schreiben Sie das entsprechende Gefühl oder die Situation auf ihn. Versenken Sie ihn anschließend in einem See oder Fluss.

Bitte rechnen Sie damit, dass Sie körperlich etwas spüren werden. Sie haben schließlich ein Gefühl losgelassen, das nun auch noch Ihren Körper verlassen muss.

Erinnerungen verändern

Achtung: Hier geht es darum, Alltagssituationen zu ändern. Dramatische und traumatische Erlebnisse sollten Sie auf keinen Fall verändern. So etwas gehört in die fähigen Hände von Psychiatern, Psychologen, Psychotherapeuten und Co. Spielen Sie mit Traumata nicht herum, das kann gefährlich enden.

Ich gebe Ihnen mal ein Beispiel. Bei mir kam immer wieder eine peinliche Situation hoch. Ich hatte damals im Kreis von Bekannten so laut gelacht, dass ich mir in die Hose machte. Und als ich mich mit meiner Freundin auf den Heimweg machte, fiel es den anderen auf und ich wurde darauf angesprochen. Superpeinlich und echt nicht angenehm für mich. Das ist auch schon über 20 Jahre her, aber trotz allem kam diese Erinnerung immer wieder in mir hoch.

Wie ändere ich jetzt diese Erinnerung? Wir stellen uns vor, die Situation wäre ganz anders abgelaufen, und zwar so echt wie eben möglich. Stellen Sie sich genau vor, wie die Situation damals war. Wo waren Sie? Wer war anwesend? Und dann geben Sie der Situation ein ganz anderes Ende.

Bei meinem Beispiel habe ich mir vorgestellt, ich wäre vorher in den Büschen verschwunden. Ich konnte nun ohne Probleme und vor allem mit leerer Blase so laut lachen, wie ich wollte, und trat mit meiner Freundin ohne peinlichen Zwischenfall den

Heimweg an. Auf diese Art und Weise schreibt unser Gehirn die Situation um. Denken Sie daran: Wenn Sie es sich glaubhaft vorstellen können, dann kann es auch geschehen.

Schuld vergeben

Schuld ist etwas Unangenehmes. Deshalb sehen viele zu, dass Sie diese Schuld an jemand anderes weitergeben. Dann ist schließlich jemand anderes schuld an der Misere. Jemandem die Schuld in die Schuhe zu schieben, ist aber nichts anderes, als die Verantwortung für sein Tun abzugeben. Soll wirklich jemand anderes für Sie verantwortlich sein? Ich will selbstverantwortlich handeln. Wie ist das bei Ihnen?

Nehmen wir an, ein Mann hat eine schreckliche Kindheit gehabt und macht seinen Vater dafür verantwortlich. Solange er seinem Vater nicht vergibt, wird der Vater ein Teil seiner Verantwortung tragen. Beide sind solange energetisch miteinander verbunden, bis einander vergeben wird.

Selbst, wenn derjenige schon verstorben sein sollte, kann diese Verbindung immer noch gelöst werden mit einem einfachen „Ich vergebe!" Vielleicht machen Sie sogar reinen Tisch und schreiben einen Brief, den Sie mit vergraben oder verbrennen. Wichtig ist anschließend nur, dass Sie auch vergeben. Und bitte vergessen Sie nicht, auch sich selbst zu vergeben.

Körperliche Redewendungen

Jeder kennt und benutzt sie, die körperlichen Redewendungen. Wenn man beispielsweise einen „Kloß im Hals" hat oder einem schlicht „die Haare zu Berge" stehen. Aber auch diese Redewendungen sind Glaubenssätze, die durchaus Einfluss auf unseren Körper nehmen können. Und zwar nicht immer zum Guten. Also schauen Sie mal, welche dieser Redewendungen auf Sie zutreffen, und notieren Sie diese. Achten Sie bitte darauf, dass der Wortlaut bei Ihnen auch variieren kann.

- Das liegt mir schwer in Magen.
- Ich habe zu viel auf den Rippen.
- Schluck es runter!
- Beiß die Zähne zusammen.
- Etwas auf dem Herzen haben.
- Mir stehen die Haare zu Berge.
- Ich habe einen Frosch/einen Kloß im Hals.
- Liebe macht blind.
- Das schlägt mir auf den Magen.
- Das geht mir an die Nieren.
- Gift und Galle spucken.
- Ich habe die Nase gestrichen voll.
- Mir stockt das Blut in den Adern.
- Da bleibt mir die Luft weg.
- Du hast mir das Herz gebrochen.
- Ich kann Dich nicht riechen.
- Jetzt platzt mir aber der Kragen.
- Kneif den Arsch zusammen.
- Kneif die Backen zusammen.
- Er schwitzt Blut und Wasser.
- Mir bleibt die Spucke weg.
- Halt die Ohren steif.

Sie haben sicherlich mittlerweile eine Ahnung, wo all diese Sätze hinführen, wenn man sie auch glaubt. Ich kann mir gut vorstellen, dass Sie sich einige notiert haben. Bleibt die Frage: Wie werden wir sie los? Ganz einfach. Da es sich bei diesen Sprüchen um Redewendungen handelt und Sie sie nicht selbst erzeugt haben, sondern meist aus Ihrem persönlichen familiären Umfeld übernommen haben, können wir sie einfach in Flammen aufgehen lassen. Und das wortwörtlich. Nehmen Sie sich einen kleinen Zettel und schreiben Sie die körperliche Redewendung, an die Sie glauben, auf. Holen Sie sich eine feuerfeste Schale oder setzen Sie sich vor den Kamin und verbrennen Sie den Zettel. Mehr brauchen Sie nicht zu tun. Beobachten Sie, wie der Spruch langsam verbrennt.

Achtung! Da diese Aktion körperliche und psychische Auswirkungen haben kann, seien Sie mit der Menge der Sprüche vorsichtig. Verbrennen Sie also nicht alle auf einmal, sondern lieber der Reihe nach und spüren Sie, wie Sie sich fühlen und was bei Ihnen körperlich passiert.

Glaubenssätze ändern

Glaubenssätze kennt jeder, aber den meisten ist nicht klar, welche Macht sie haben. Sie wirken wortwörtlich und das den ganzen Tag lang. Um Glaubenssätze zu ändern, muss man zuerst herausbekommen, welche Sätze überhaupt vorhanden sind. Dafür muss man seine Gedanken beobachten. Gehen Sie in die Stille und beobachten Sie zwischendurch, wie Sie von sich selbst denken. Welche Sätze kommen da in Ihnen hoch? Notieren Sie sie für später. Viele von denen sagen Sie sich oft, Ihnen ist es nur nicht so bewusst, und die meisten dieser Sätze tun Ihnen nicht gut. Generell sprechen viele von uns eher schlecht über sich selbst. Das war bei mir genauso. Ich hielt mir immer vor Augen, was ich nicht konnte, statt wahrzunehmen, was ich eigentlich alles gut mache. Wir sind generell zu negativ eingestellt. Führen Sie sich mal vor Augen, welche guten Eigenschaften und Fähigkeiten Sie besitzen. Das macht vieles wieder wett. Sie können auch ein Motivationsglas dafür machen, das Sie ständig daran erinnert, was Sie alles ausmacht. Seien Sie dankbar für Ihre Leistungen und Fähigkeiten, denn Sie sind einzigartig.

Gehen wir jetzt ans Eingemachte: die Glaubenssätze ändern. Man kann sie nur mit etwas ändern, das auch der Wahrheit entspricht. Sie können sich also nicht einfach anlügen. Es muss etwas seien, woran Sie auch glauben können, sonst wird es nicht funktionieren.

Ich gebe Ihnen hier ein paar Beispiele, damit Sie ein Gefühl dafür bekommen, wie man etwas ändern kann. Oft muss man die Glaubenssätze später noch einmal ändern, denn man arbeitet in Etappen.

Beispiel Glaubenssätze am Anfang:Ich kann das nicht.
Ich muss funktionieren.
Das wird nie etwas.
Ich tue mir immer weh.

Erste Etappe: Wir ändern den alten Satz mit der Ergänzung „wird zu…".Ich kann das nicht **wird zu** Ich kann das manchmal nicht.
Ich muss funktionieren **wird zu** Ich möchte funktionieren.
Das wird nie etwas **wird zu** Das wird selten etwas.
Ich tue mir immer weh **wird zu** Ich tue mir öfter weh.

Zweite Etappe: Wir ändern den bereits geänderten Satz erneut mit der Ergänzung „wird zu".
Ich kann das manchmal nicht **wird zu** Ich kann das manchmal.
Ich möchte funktionieren **wird zu** Ich kann funktionieren.
Das wird selten etwas **wird zu** Das wird öfter etwas.
Ich tue mir öfter weh **wird zu** Ich tue mir manchmal weh.

Zwischen den Etappen liegen natürlich Monate. Am besten ist es, Sie führen Buch über diese Veränderungen, damit Sie bemerken, wann es so weit ist, die nächste Etappe zu beginnen, falls Sie sie brauchen. Was auch noch Glaubenssätze sind, sind die guten alten Redewendungen. Wenn Sie Redewendungen finden, die Ihnen nicht guttun, lassen Sie diese bitte in alter Manier in Flammen aufgehen.

Befehle

Befehle sind für mich die Monster aller Glaubenssätze, weil sie keinen Widerspruch, keinerlei Zweifel zulassen und sie wirken 24 Stunden am Tag. Befehle kann man aber abmildern und ihnen so den gleichzusetzenden Wert eines Glaubenssatzes geben.

Diese Befehle kommen meist aus der Kindheit, sie können aber noch heute wirken. Denken Sie mal zurück. Welche Befehle gab es bei Ihnen? Hier ein paar Beispiele. Vielleicht kommen Ihnen einige bekannt vor.

Schluck es runter!
Hör auf damit!
Sei ruhig!
Du kannst das nicht!
Lass das liegen!
Heul nicht!
Du bist faul!
Du bist böse!
Du schaffst das nicht!
Lass das sein!
Halt den Mund!
Finger weg!

Und? Wie fühlen Sie sich jetzt, nachdem Sie das gelesen haben? Schlecht, nicht wahr? Egal, welche Befehle Sie gespeichert haben, Sie werden sie nicht einfach los. Die Befehle lassen sich aber entkräften. Dafür müssen Sie aber ein und dieselben Wörter in einem neuen Satz verwenden. „Du bist faul" wird zu „Du bist manchmal faul". „Schluck es runter" wird zu „Schluck das Essen runter, wenn Du es willst". „Du schaffst das nicht" wird zu „Du schaffst das noch nicht". Ich hoffe, Sie schaffen es, Ihre Befehle abzumildern.

DER STORCH geschrieben am 15.07.2023 von Anke Vuge

Die Natur ist wirklich sonderbar,
so viel Schönes bringt sie doch hervor.
Fische, Vögel und so allerhand Kriechgetier,
sogar Unheimliches, bei dem das Blut gefror.

Aber hier und heute, es wundert mich sehr,
flog ein Storch auf die Wiese und stakste umher.
Gar zierlich lief er durch das tiefe Gras,
aber viel interessanter war, was er fraß.

Ich mochte es kaum glauben, was ich sah.
Auf einmal hatte er sein leckeres Mittagsmahl.
Er hatte was im Schnabel, ängstlich zappelnd,
auf den Boden fiel, noch mal berappelt.

Durchzuckte es mich, als ich begriff,
der Storch es grad zu Tode sticht.
Ja, die Natur doch manchmal grausam ist,
vor allem, wenn du ein kleiner Maulwurf bist.

Der energetische Werkzeugkasten

Wie ich Ihnen schon erklärt habe, sind Gedanke und Gefühle nichts anderes als Schwingungen. Und Schwingungen sind Energien. Sie können sowohl positiv als auch negativ geladen sein, genauso wie bei Wörtern und Sätzen. Es gibt aber einiges zu beachten, um zu verstehen, wie Sie diese Energien für sich nutzen können. Da aber viele oft skeptisch darauf reagieren und der Glaube an Energien gerne als Quatsch abgetan wird, möchte ich Sie langsam an diese Werkzeuge heranführen, damit Sie sich selber Ihre Meinung darüber bilden können. Seien Sie also offen dafür, agieren Sie bewusst und probieren Sie es aus. Erst dann fällen Sie bitte Ihr Urteil. Sie müssen nicht sofort an eine Wirkung glauben, aber seien Sie offen dafür, dass es möglich ist. Um mehr bitte ich Sie nicht.

Erdung

Für die Erdung brauchen Sie eine gute Vorstellungskraft. Stellen Sie sich barfuß auf den Rasen und stellen Sie sich vor, wie Wurzeln aus Ihren Fußsohlen wachsen und sich tief in den Boden bohren. Die Wurzeln schlagen sich ihren Weg durch die Erde, durch Geröll und Steinplatten. Stellen Sie sich unterschiedliche Schichten vor, Marmor, Edelsteine, und schließlich bahnen sich die Wurzeln ihren Weg durch eine Lavakruste ins Erdinnere. Stellen Sie sich vor, wie diese gelbe Lava pulsiert, die Wurzeln verzweigen sich immer weiter in der Lava. Gelb fließt sie nun durch die Wurzeln weiter nach oben zu Ihnen. Sie fließt durch Ihre Füße, Knöchel, Beine weiter nach oben, füllt Ihre Organe, Leber, Lunge, Herz, steigt weiter in den Hals und füllt den Kopf. Wie fühlen Sie sich jetzt? Ich habe immer den Eindruck, meine Batterien seien wieder gefüllt worden. Ich fühle mich wacher und fitter. Wie sieht es bei Ihnen aus?

Segnen

Machen wir einen kleinen Versuch. Holen Sie sich zwei Gläser Leitungswasser und setzen Sie sich an den Tisch. Über eines der Gläser halten Sie nun Ihre Hände mit den Handflächen nach unten und sagen: „Sei gesegnet." Probieren Sie anschließend das Wasser aus den Gläsern. Sie haben soeben Wasser gesegnet. Wie schmeckt es Ihnen? Vermutlich schmeckt Ihnen das gesegnete Wasser besser, es ist jetzt wieder lebendig. Man kann diese Segnung bei allem machen, bei Getränken zum Beispiel, aber auch Essen kann dadurch bekömmlicher werden – was gut für Ihren Magen ist. Sollten Sie Magenprobleme haben, ist es sicherlich ein Versuch wert.

Negatives loswerden mit „Weißem Strahl"

Wie Sie mittlerweile wissen, können sich negative Energien, Schwingungen im Körper befinden. Diese können Sie loswerden. Stellen Sie sich vor, wie ein weißer Lichtstrahl auf sie zukommt und wie ein Staubsauger die schwarze Negativität aus Ihnen heraussaugt. Sie werden beim Absaugen bemerken, wo sich viel Negatives in ihrem Körper befindet. Wechseln Sie danach auf Ihre Rückseite und verfahren Sie auf dieselbe Weise. Wenn Sie fertig sind, bedanken Sie sich bei dem weißen Strahl.

Sollten Sie nicht in der Lage sein, sich so etwas vorzustellen, gibt es noch eine einfache Variante, die man gut zwischendurch machen kann. Atmen Sie weißes Licht ein und schwarzen Rauch aus. Das kann wirklich jeder und vor allem zu jeder Zeit. Wie fühlen Sie sich danach? Fühlen Sie sich freier?

Folded Hands

Es mag sich seltsam anhören, aber auch das einfache Falten der Hände wie beim Gebet bewirkt etwas. Es beruhigt mich immer mental und bringt meinen Geist wieder in Balance. Sie werden bemerken, dass Sie ausgeglichener werden. Wenn Sie Hände ohnehin falten, können Sie ja mal den ein oder anderen Gedanken ans Beten verschwenden. Ob regelmäßig oder nur für einen schönen Tag oder einen guten Ausgang einer baldigen Operation. Schaden kann es nicht und vielleicht tut es Ihnen ganz gut, das Beten als alte-neue Routine zu praktizieren.

Grace – Die Gnade Gottes

Ist Ihnen in mancher Situation schon mal bewusst geworden, dass Sie sich falsch verhalten haben oder ein Verhalten an den Tag legen, das Sie so nicht haben wollen. Ich hatte das Problem, dass ich manches Mal meinen Frust auf eine Person projizierte, die damit überhaupt nichts zu tun hatte. Das wollte ich so sicher nicht und deshalb bat ich „Grace" um Hilfe. Ich sagte laut: „Grace, ich rufe Dich und bitte um Deine Unterstützung. Ich habe meinen Ärger an einer Person ausgelassen, die nichts damit zu tun hatte, weil ich auf mich selbst sauer war. Bitte hilf mir, dieses Verhalten dauerhaft zu ändern. Danke."

Die Gnade Gottes ist ausreichend und kann Sie ändern, wandeln und vollkommen machen. Versuchen Sie es doch mal. Vielleicht funktioniert es auch bei Ihnen.

Die violette Flamme

Die violette Flamme ist eine spirituelle Energie; die Kraft der Transformation. Sie ist in der Lage, negative Energien in positive zu wandeln. Sowohl Gedanken, Gefühle als auch Verhalten können transformiert werden. Sie kann dafür genutzt werden, altes Karma aufzulösen und Blockaden zu entfernen. Ferner noch kann sie Fremdenergien beseitigen. Um die positiven Aspekte der violetten Flamme zu nutzen, stellen Sie sich vor, Sie stünden vor einem violetten Lagerfeuer. Stellen Sie sich mittig in das Feuer und verweilen Sie dort, bis die Flammen erloschen sind. Eine andere Möglichkeit ist die Abschirmung von Fremdenergien durch eine violette Decke, in die man sich gedanklich von Kopf bis Fuß einhüllt wie ein Weihnachtsgeschenk. So sind Sie eine Zeit lang geschützt vor fremden Energien, die wir meist bei größeren Veranstaltungen, Geburtstagen oder Einkäufen im Supermarkt mit nach Hause nehmen. Fremdenergien sind, wie es der Ausdruck schon erwähnt, Energien fremden Ursprungs. Gedanken, Gefühle, sogar das Verhalten von anderen Personen können auf uns übertragen werden. Sie wollen aber sicher nur Sie selbst sein, oder?

Man kann die violette Flamme auch direkt anrufen: „Violette Flamme, ich rufe Dich. Bitte befreie mich von den mir fremden Energien. Danke." „Violette Flamme, ich rufe Dich. Bitte löse die Blockaden in meinem Körper. Danke." „Violette Flamme, ich rufe Dich. Bitte befreie mich von altem Karma. Danke." Egal, für was Du die violette Flamme benutzt, sie ist ein sinnvoller Begleiter für den Rest deines Lebens.

Die Dreifaltigkeit und das Ich

Ich rede hier von Dreifaltigkeit, weil wir eine Kombination aus drei verschieden Teilen sind, dem Körper, dem Geist und der Seele. Meine Gedanken zu den einzelnen Teilen habe ich hier zusammengefasst. Wenn man Probleme mit dem Körper hat, konsultiert man einen Arzt. Wenn der Geist oder die Seele betroffen sind, besucht man Neurologen, Psychologen und Psychiater. Allerdings gibt es auch Probleme, wo all diese Ärzte nicht weiterhelfen können. Sollte das der Fall sein und Sie finden keine Ursache, gibt es noch spirituelle Alternativen. Ob Sie daran glauben oder nicht, versuchen Sie es einmal mit der alternativen Hilfe eines Schamanen. Mir persönlich hat es weitergeholfen. Viele erzählen gerne so viel Humbug, aber man muss daran glauben, damit es funktioniert. Ich kann nur sagen, dass es funktioniert, ob Sie daran glauben oder nicht. Was haben Sie zu verlieren, wenn Sie es versuchen? Allerdings gibt es auch hier schwarze Schafe, die vorgeben Schamanen zu sein und in Wirklichkeit Scharlatane sind.

Der Körper

Was braucht der Körper? Um was müssen wir uns kümmern? Unabdingbar nötig ist genug Schlaf, Trinken und trotz fehlendem Hunger auch etwas Nahrhaftes zum Essen. Nähe ist aber auch etwas Wichtiges, was der Körper braucht. Ohne Hautkontakt verkümmert man. Wenn man den Hunger verliert, so scheint es mir, verliert man auch den Hunger nach Intimität. Egal, ob allein oder zu zweit, Sex ist auch ein Grundbedürfnis. Aber wie oft kommen wir dem überhaupt nach? Wann war das letzte Mal? Unser Körper braucht diese Zuwendung, er braucht die Streicheleinheiten. Ich gehe sogar so weit zu behaupten, dass wenn ihr Körper den Eindruck hat, völlig wertlos und überflüssig zu sein, dann dürfen Sie sich auch nicht wundern, dass er irgendwann nicht mehr für Sie funktionieren will. Behandeln Sie ihn daher gut, denn Sie brauchen ihn sicher noch eine Weile.

Gerade in der Depression schenken wir unserem Körper wenig Beachtung. Unter die Dusche zu springen, ist nicht wichtig, denn ich will ja gar nicht vor die Tür. Das Zähneputzen ist unnötig, denn ich isoliere mich und rede daher herzlich wenig. Bei vielen psychischen Erkrankungen bilden wir uns ein, unser Körper sei eher nebensächlich. Ich habe mich selbst dabei erwischt, dass ich noch nicht einmal mehr die Frage beantworten konnte, ob ich etwas getrunken hätte oder nicht. Dabei ist unser Körper so wichtig, denn er funktioniert nur für uns.

Er beherbergt unsere Seele, unseren Geist und unser Ich. Er ist der Grund, warum wir fühlen können. Aber genau das versucht man oft zu vermeiden. Das Gefühl für den eigenen Körper kann man verlieren. Man kann sich völlig emotionslos und leer fühlen. Aber all das stimmt nicht. Unser Geist ist nur überhitzt und durchgebrannt, sodass wir all die aufgenommenen Informationen und Reize nicht verarbeiten können. Egal, wie furchtbar sich das anfühlt, wir müssen das Grundlegendste für unseren Körper tun, denn ohne ihn geht es nun mal nicht.

Der Geist

Er ist der Computer des Körpers, die Software, der „Verstand", der alle physischen und mentalen Prozesse im Körper steuert. Das Unterbewusstsein und alles, was an Denkprozessen läuft, das Gedächtnis und logische Schlussfolgerungen beruhen auf ihm. Es ist fast dogmatisch zu denken, der Verstand, sprich Geist, sei vom Körper getrennt, denn das eine kann ohne das andere nicht existieren beziehungsweise funktionieren. Körper und Geist bilden daher eine Einheit.

Die Seele

Ich persönlich glaube an die Unsterblichkeit der Seele, auch wenn es keine wissenschaftlichen Beweise für deren Existenz gibt. Es ist der Sitz der Intuition, die innere Stimme in uns, die wir hören, wenn wir an uns zweifeln. Die Motivation, wenn wir unsicher sind. Das Gespür, falls etwas Unbekanntes vor uns liegt. Es ist die Empathie eines Menschen; seine Feinfühligkeit. Man sagt, die Seele schmerze, wenn die eignen Überzeugungen mit Füßen getreten würden. Es ist die Menschlichkeit in jedem von uns. Alles, was uns als Person definiert, entspringt unserer Seele. Die Schnittmenge dieser Dreifaltigkeit, Körper, Geist und Seele, bildet das sogenannte ICH.

Das Ich

Das Ich ist Ihre einzigartige Persönlichkeit. Diese Schnittmenge ist das, was Sie wirklich ausmacht, was Sie zu einem einzigartigen Menschen macht. Das sind Sie mit Ihren Stärken und Schwächen, mit Ihren Prägungen, Hemmungen und Glaubenssätzen, mit Bedürfnissen und Ängsten und mit all Ihren Gefühlen und Erinnerungen, die niemand sonst besitzt. Es sind Ihr Charakter, Ihre Werte. Das Ich ist kurzum alles, was Sie verkörpern und Sie so zu etwas Außergewöhnlichem macht. Also hören Sie auf, sich zu vergleichen, denn niemand ist wie Sie.

Nachwort

Ich hoffe, Sie sind meiner Bitte nach Objektivität nachgekommen und haben auf manches eine neue Perspektive entwickelt, wie auch auf sich selbst. Ich wünsche Ihnen das Beste, was Sie verdienen, viel Kraft, wenn Sie sie brauchen, und einen langen Atem, um sich selbst kennenzulernen und sich so anzunehmen, wie Sie sind. Jeder ist wertvoll und jeder ist einzigartig auf seine ganz besondere Weise. Hören Sie auf, sich zu vergleichen und vergessen Sie nie, gut zu sich zu sein. Ich glaube an Sie.

Hochachtungsvoll
Anke Vuge

Ende

Die Autorin

Die 1979 in Lippstadt geborene Anke Vuge hat 1997 die Fachhochschulreife im Sozial- und Gesundheitswesen abgeschlossen und war anschließend bis 2000 technische Zeichnerin für Maschinen- und Anlagentechnik. Seit 2000 ist sie technische Zeichnerin im Mechanical Design. Ihr Artikel „Extremfall" ist im 36. Band von Lyrik und Prosa unserer Zeit beim Karin Fischer Verlag veröffentlicht worden. Passend also, dass sie in ihrer Freizeit am liebsten liest, dichtet und sich in der abstrakten Malerei zu Hause fühlt. Einige Gedichte hat sie nun auch in ihr neues Buch Ich habe eine Psychose. Und nun? eingearbeitet, um ihre Geschehnisse zu verarbeiten. Anke Vuge lebt in Rüthen-Westereiden, hat eine Tochter und ist seit 2004 glücklich verheiratet.

novum VERLAG FÜR NEUAUTOREN

Der Verlag

> *Wer aufhört*
> *besser zu werden,*
> *hat aufgehört*
> *gut zu sein!*

Basierend auf diesem Motto ist es dem novum Verlag ein Anliegen, neue Manuskripte aufzuspüren, zu veröffentlichen und deren Autoren langfristig zu fördern. Mittlerweile gilt der 1997 gegründete und mehrfach prämierte Verlag als Spezialist für Neuautoren in Deutschland, Österreich und der Schweiz.

Für jedes neue Manuskript wird innerhalb weniger Wochen eine kostenfreie, unverbindliche Lektorats-Prüfung erstellt.

Weitere Informationen zum Verlag und seinen Büchern finden Sie im Internet unter:

www.novumverlag.com

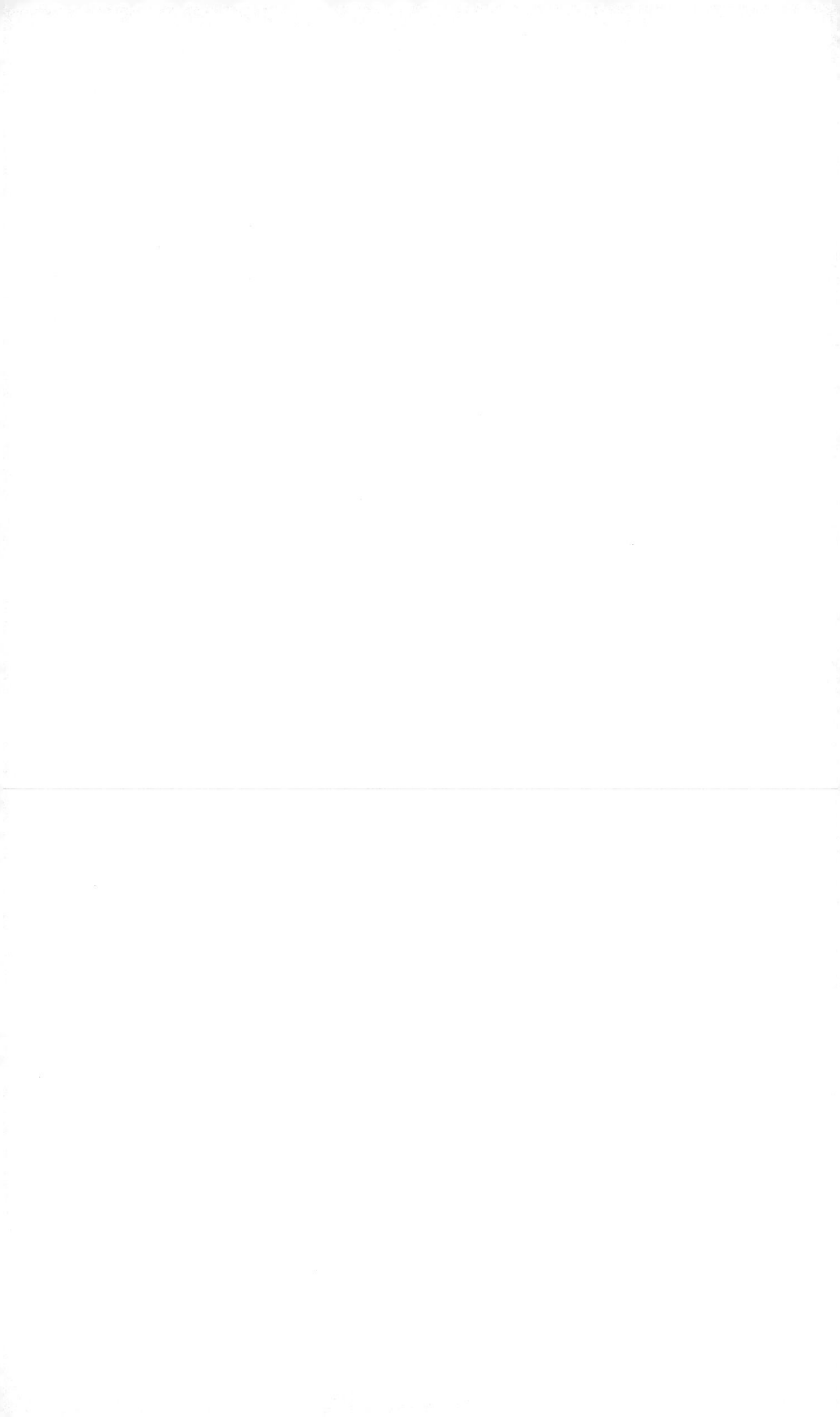